{网络营销实战派}

玩转新媒体营销

网络推广的技巧与案例

中公教育优就业研究院◎编著

世界图书出版公司

北京·广州·上海·西安

图书在版编目（CIP）数据

网络营销实战派．玩转新媒体营销 / 中公教育优就业研究院编著．—北京：世界图书出版公司北京公司，2016.7

ISBN 978-7-5192-1005-2

Ⅰ．①网… Ⅱ．①中… Ⅲ．①网络营销 Ⅳ．① F713.365.2

中国版本图书馆 CIP 数据核字 (2016) 第 189507 号

书　　名	网络营销实战派·玩转新媒体营销
	WANGLUO YINGXIAO SHIZHANPAI · WANZHUAN XINMEITI YINGXIAO
编　　著	中公教育优就业研究院
责任编辑	徐　苹
特约编辑	叶晶晶
装帧设计	中公教育图书设计中心
出版发行	世界图书出版公司北京公司
地　　址	北京市东城区朝内大街 137 号
邮　　编	100010
电　　话	010-64038355（发行）64037380（客服）64033507（总编室）
网　　址	http://www.wpcbj.com.cn
邮　　箱	wpcbjst@vip.163.com
销　　售	各地新华书店
印　　刷	三河市华骏印务包装有限公司
开　　本	787 mm × 1092 mm　1/16
印　　张	14.5
字　　数	348 千字
版　　次	2017 年 3 月第 1 版　2017 年 3 月第 1 次印刷
国际书号	ISBN 978-7-5192-1005-2
定　　价	50.00 元

如有质量或印装问题，请拨打售后服务电话 010-82838515

前言

随着现代传播技术的飞速发展，麦克卢汉所预言的地球村已经变成了现实。在全球化时代到来的今天，信息传播已不再局限于报纸、杂志、广播、电视等传统方式，其与互联网技术充分融合，创造出了新时代的信息发布与传播新平台——新媒体。新媒体的出现不仅改变了信息的生产与传播机制，同时也引发了营销方式的变革，注重体验性、沟通性、差异性、创造性、关联性的新媒体营销应运而生。新媒体营销已经成为现代营销模式的重要组成部分。

本书结构框架

本书分8章，讲解了新媒体营销的概念、目前各类媒体平台的营销方式及发展前景，主要概况如下：

认识新媒体营销——通过讲述新媒体营销的概念，了解其发展趋势，明确"媒介即讯息"，即每一种新媒介的诞生都会催生新的媒体营销方式。只有抓住主干，才能摸清新媒体营销的脉络，从整体上把握新媒体营销的相关概念，树立新媒体营销的全局观。

自媒体营销——自媒体不等同于自媒体营销，因此成为玩转自媒体营销的"达人"，仍需掌握自媒体平台操作及运营技巧。

微信营销——以分众和精众市场为目标诉求的微信营销模式已然成为营销利器。其中微信公众号更是移动互联网时代做好微信营销的重要工具，以此为阵地开展产品营销，既节约成本又能达到良好的营销效果。

社群营销——社群营销并非单纯依托社群进行销售，其旨在建立一种去中心化的、自行运转的生态，使拥有共同兴趣的人们形成紧密的联系，创造出海量营销机会。

知识类平台营销——知识平台营销的目的是将潜在用户转化为最终用户。通过有效的途径向潜在的用户进行企业价值等信息传播，使用户逐渐形成对品牌和产品的认知，并最终成为忠实用户。

博客、微博营销——博客与微博是两个相互独立的载体，但又密不可分。博客营销以信息源的价值为核心，主要体现信息本身的价值；微博营销以信息源的发布者为核心，体现人的核心地位。

其他平台营销——介绍一些小众的营销平台，主要有论坛、电子地图、点评类网站、分类信息平台及目录网站等。合理利用功能性网站进行营销或与其他营销方式进行有效整合，能达到良好的营销效果。

新媒体运营职业发展与规划——从现状、需求、技能要求、职业发展方向等方面介绍新媒体行业，对新媒体行业的基本现状及发展趋势有更准确的了解。

本书内容特点

本书体系科学，内容全面新颖。立足于新媒体发展的现状，从宏观上介绍了新媒体营销的概况，着重讲解目前应用较广的新媒体营销方式、营销内容的基本操作运营及相关的营销技巧、注意事项，帮助读者迈出新媒体营销的第一步。图书条理清晰，语言通俗易懂，讲解深入浅出，便于初级从业人员掌握。针对性地介绍了行业或岗位的发展前景及职业规划等信息，便于初学者结合自身情况，找到合适的发展方向。

本书采用双色印刷形式，营销案例中图文相结合，风格活泼，能激发读者阅读兴趣。提供视频讲解等增值服务是本书的一大特点，重要章节提供专业教师的视频讲解，扫描二维码即可在线学习，操作便捷高效。根据图书内容难易的差别，章节视频也有所侧重，有的是对图书内容的深层次延展，有的是结合内容进行的案例操作。我们力求通过本书及配套的增值服务使读者在掌握理论知识的基础上，具备基础的操作能力。

目 录

第3章　微信营销 ❙ 43

第4章 社群营销 76

第1章
认识新媒体营销

1.1 新媒体营销概述

1.1.1 什么是新媒体营销

新媒体营销是基于特定产品的概念诉求与问题分析，对消费者进行针对性心理引导的一种营销模式。从本质上来说，它是企业软性渗透的商业策略在新媒体形式上的实现，通常借助媒体表达与舆论传播使消费者认同某种概念、观点和分析思路，从而达到企业品牌宣传、产品销售的目的。

通俗地说，新媒体（New Media）是相对于报刊、广播、电视等传统媒体而言的，是利用数字技术、互联网技术、移动通信技术发展起来的新型互动式媒体形态，包括网络媒体、移动媒体等。新媒体营销是借助于新媒体平台，使其广泛受众深度卷入到具体的营销活动中的营销模式。比如说，利用微博完成某话题的讨论，从而提高商业公司的产品知名度，扩大品牌的影响力。

新媒体营销的渠道，或称新媒体营销的平台，主要包括但不限于：门户网站、搜索引擎、微博、微信、博客、手机、移动设备、APP等（如图1-1）。新媒体营销并不是单一地通过上述的渠道中的一种进行营销，而是需要多种渠道整合营销，甚至在营销资金充裕的情况下，可以与传统媒介营销相结合，形成全方位立体式营销。

图 1-1　主流新媒体营销平台

新媒体的体系中，微信、微博两大自媒体当前流量巨大，用户居多，是比较易于分享传播的流量平台，所以平时谈到新媒体一般就理解为微博和微信。新媒体和自媒体的关系，从体量以及所表达内容的丰富程度来看，自媒体更小、更精准，某种意是指"一个人的媒体"，新媒体则更侧重于平台（或者说渠道）。新媒体和自媒体具体关系如图1-2所示。

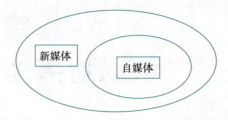

图 1-2　新媒体与自媒体关系

1.1.2 为什么要学习新媒体营销

1.1.2.1 阅读方式的改变

伴随着新媒体的涌现，用户的阅读习惯发生了质变。前几年是"60后"看报刊，"70后"上门户网站，而"80后""90后"在智能移动端如手机、平板上进行阅读。如今不分年龄的用户都倾向于在移动端阅读和娱乐，新媒体迭代更是飞速，用户大量的时间被智能手机占据，因此花费在新媒体相关内容上的时间占到很大比例。

1.1.2.2 新媒体平台壮大

近几年来，我国的社会化媒体进入快速发展期，新媒体平台则依靠移动互联网技术迅速壮大，引爆了整个社会化媒体时代。

截至2016年3月，微信活跃账户数已达7.61亿，比去年增长39%。这已经是微信自成立以来第6年实现连续增长（如图1-3）。与此同时，QQ月活跃用户为8.77亿，同比增长幅度依然保持在微弱的5%。

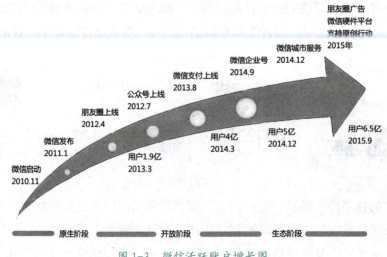

图 1-3　微信活跃账户增长图

截至2016年5月，今日头条累计激活用户数已达4.8亿，日活跃人数超过4700万，月活跃人数超过1.25亿，单用户每日使用时长超过62分钟。

2016年5月12日上午，新浪微博发布2016年第一季度财报。截至一季度末，微博月活跃用户达到2.61亿，超过2015年第四季度（如图1-4），日活跃用户达到1.2亿，同比增长35%。与上一季度相比，微博月活跃用户净增2600万，日活跃用户净增1400万，均创下上市以来最大单季增幅。通过移动设备访问微博的日均活跃用户占微博总日均活跃用户的91%以上。

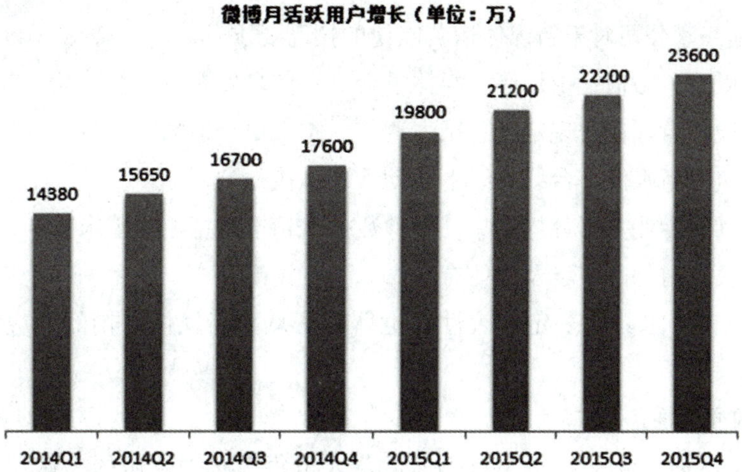

图 1-4　微博月活跃用户增长图

2016年5月，映客刚刚成立一年，用户量已经突破1亿，日活跃用户超1000万。

仅这几大新媒体就拥有如此海量的用户，更不用说加上QQ、论坛、贴吧、知乎等平台的用户。此外，移动直播产品才刚刚兴起，随着4G技术的渗透和未来5G技术的发展，也势必会进一步扩大用户规模和传播影响力。

1.1.2.3 新媒体营销的价值

目前来看，做新媒体营销的价值主要体现在以下方面：

（1）提高产品知名度和品牌影响力；

（2）为用户提供更优质的服务；

（3）拓宽销售渠道；

（4）输出企业文化；

（5）个人价值的实现；

（6）企业公关价值。

广告界流行着这样一句话："我在广告上花的钱有一半都浪费掉了，问题是我不知道被浪费掉的是哪一半。"与传统媒体营销相比，新媒体营销可以比较精准地找到企业的潜在消费者，在传播速度、互动性和成本上都有较大优势。另外，面对新媒体影响下如此广泛的受众，以及越来越多的企业凭借新媒体营销大大降低了广告成本，产品销量却依然获得巨大增长，如今的企业都在利用新媒体进行营销。

1.1.3 什么人适合学新媒体营销

新媒体营销无论对个人还是商业公司来说都越来越重要。从事新媒体营销必须要有些优秀特质，还得不断自我修炼，才可能成为"网红"，企业才可能在竞争中占得先机。

下面是一家公司对于新媒体运营岗位的招聘要求：

（1）微博、微信、论坛等新媒体平台日常信息发布、维护、粉丝互动。

（2）通过自媒体表现定期总结、调整、制定更合适的信息发布、互动策略。

（3）负责新媒体平台线上线下活动策划、执行。

（4）利用专业数据分析工具，统计数据，精准把握用户需求。

（5）负责对外的市场及媒体合作。

这则岗位要求具有一定代表性，也体现了从事新媒体营销的人应该具备的品质如下：

● 会沟通，懂需求

和用户沟通，几乎是每个新媒体运营人员每天必须要做的事情。当然不能像普通客服一样太过官方和流程化，那样会导致品牌毫无温度。因此在与用户的交流过程中，需要真诚沟通，才能了解用户，摸清楚用户的特征，在用户群体里形成一个良好的口碑，才能在传播中打响产品知名度，将品牌价值最大化。

用户愿意沟通，将你当作朋友，这不是个容易做到的事。因此更不能避实就虚，应该实实在在地解决用户问题。

● 跨界知识储备

新媒体运营中，只懂得经营内容是无法有长远未来的。富有想象力、创新力，为用户提供更贴心的体验才能获得持续发展。这种跨界的想象力和创新力也正是新媒体发展的必然趋势。

跨界是一种突破，需要新媒体运营者扩展视野。从东方到西方，从天文到地理，从人文到科学，视线所及，需要跨越行业、领域、区域的限制，拨开思想的迷雾，对传统理念和文化进行颠覆和创新，进而挖掘出新思想的源头和活水。

● 敏锐的嗅觉和策划能力

互联网时代瞬息万变，每一个社会热点都需要敏锐的新媒体运营者在第一时间捕捉，并根据产品属性和企业文化策划线上线下活动。当然并不是每一个社会热点都必须要跟上，这也要考虑到与企业形象的匹配度，否则会弄巧成拙。比如优衣库事件明显不是正向的，而且涉及违法问题，生硬地把热点和品牌关联到一起，不如不做。

另外，企业在公关危机和舆论压力的关键时刻，敏锐的嗅觉和策划能力会帮助企业控制局面，疏导舆情，处理得当反而有意想不到的效果。

- 良好的心态

新媒体运营的成功不是短期内就能产生巨大成效的，必须坚持去做。新媒体工作并不是简单地发送有趣的内容、转发评论、推送文章等，而是每天不仅要去创作内容，还需要分析数据、研究排版设计、把握用户需求等，这些都是对新媒体从业人员的考验，因此要保持平和的心态，坚持做下去才能有成效。

1.2 新媒体营销新变革

近年来，新媒体已经开始阶跃式发展，同时也出现了一些新的变革。2015年，CIC发布了2015年中国社会化媒体格局图（如图1-5），该图总结了品牌、代理及技术人员应该注意的几大改变。

可以从中看出：

首先，用户需求愈发多元化。虽然微信影响力扩大，领先于其他社会化媒体，但其他新媒体用户也在增加。正因为有这种多元化的需求，才促使新媒体在内容上要有特色，有独创性，简单复制和转载注定无法长期赢得用户欢心。

其次，媒体的"边界"正在消失。传统的媒体领域正在被"非媒体"入侵，许多个体和机构跨界发展，不仅拥有了自己的自媒体，而且有大量粉丝，良好地互动帮助他们在新媒体领域大放异彩，并促进了垂直类领域社区的转型和完善。互联网用户趋于年轻化，他们追求差异化，更容易被新的潮流引导前行，富有好奇心，更愿意尝试，因此传统的文章、图片不再是单一表现形式，视频和直播类表达收到很好的反响。

最后，泛娱乐浪潮愈演愈烈，音乐、视频、游戏类媒体获得青睐。"有趣"甚至成为许多人接受信息的首要标准。面对平日里学习工作的压力和互联网中海量的信息，忙里偷闲地快速浏览好玩的段子和言简意赅的"干货"，这才符合大众的心理。当然，营销活动的形式也要尽量简单方便，否则趣味性大打折扣，会导致没有用户参与活动。

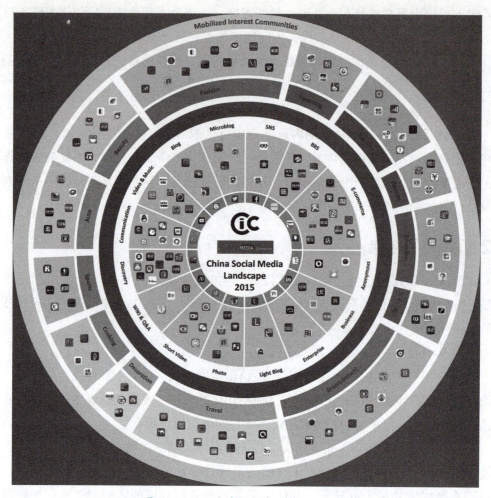

图 1-5　2015 年中国社会化媒体格局图

1.3 新媒体未来的发展趋势

新媒体未来的发展必然紧跟5G技术、智能穿戴技术、虚拟现实（VR）等技术进步，同时也会朝着创造性、开放性、交互性等几个维度进行变革。

（1）渠道媒体化

越来越多的人不仅把电商平台当作购物渠道，也把电商平台当作信息平台，尤其是二三线城市，这个特征尤其明显。而电商媒体化和媒体电商化也成为近几年的一个热点。例如微信、微博实现购物下单，变得更方便，核心是新媒体变成了电商。可口可乐的昵称瓶（如图1-6）和歌词瓶的营销引起行业极大关注，核心是将产品包装变成了媒体。

（2）大数据+新媒体

单独看大数据和新媒体产业，它们都是互联网行业的热点风口，如果双剑合璧，那么将可能发挥出1+1>2的功效。因为大数据的挖掘能力能为新媒体的内容生产、传播受众带来更精准的指导，从而提升新媒体的精准定位，并不断优化改进，为受众带来更个性化和他们想要的定制优化媒体服务；同样的，新媒体的营销变现能力则能为大数据挖

图1-6 可口可乐昵称瓶

掘打开变现渠道，从而赋予大数据更多的额外价值。因此大数据是新媒体的支撑，新媒体回过头来又可以反哺促进大数据发展，可以说大数据与新媒体之间的良性互动将是未来产业发展的一个重要方向。

（3）万物皆媒

在"众媒时代"开启的时刻，可以看到，一切的"人"和"物"都可能成为信息的生产者与传播者。物体是人延伸的一部分，大大拓展了由人构成的媒体空间。目前流行的可穿戴设备，虚拟现实技术（VR）都将得以应用来加持新媒体能量。人工智能技术的发展，使得未来比阿尔法狗更智能的机器人来创作新闻的现象也许会成为常态。

本章小结

2011年，提起新媒体，接触的人不多。但是到2016年，再提新媒体，大家似乎早已经司空见惯。飞速发展的移动互联网，以及微博、微信等新媒体正在改变着信息流的传播路径，重构信息传播格局。官网上单一的信息发布早已无法适应用户需要，社交媒体在提升产品知名度、企业品牌价值及智能服务等方面正在发挥着越来越重要的作用。在讲究用户至上、体验至上的用户主权时代，企业被催促着寻找客户的痛点，用产品和服务打动他们。但产品和服务同质化的今天，新媒体逐步成为企业口碑营销的主战场，深度把握客户需求，用客户喜欢的方式沟通，让用户主动参与企业的宣传活动，并自愿传播企业想要传播的信息，这才是营销最佳的方式。

视频讲解

第2章
自媒体营销

2.1 认识自媒体营销

2.1.1 何为自媒体

自媒体（WeMedia）又称"公民媒体"或"个人媒体"，是指私人化、平民化、普泛化、自主化的传播者，以现代化、电子化的手段，向不特定的大多数或者特定的单个人传递规范性及非规范性信息的新媒体的总称，如博客、微博、微信、论坛/BBS等网络社区。

其专业性的定义是：普通大众经由数字科技强化、与全球知识体系相连之后，一种开始理解普通大众如何提供与分享他们自身的事实、新闻的途径。自媒体是Web2.0时代产生的新型媒体，强调的是网民的参与。因此，网民自己成为传播的发源地和渠道是自媒体的核心特点。

2.1.2 为什么要构建自媒体

"自媒体"近两年十分火热，BAT（百度、阿里巴巴、腾讯三大公司简称）等互联网巨头都陆续打造了自己的自媒体平台：百度百家（如图2-1）、UC订阅号（如图2-2）、天天快报（如图2-3）等自媒体平台的异军突起，也证明了自媒体是当下企业进行品牌传播和产品推广的必争之地。对于企业来说，在移动互联网时代，自媒体营销是其成功转型的关键点。

图 2-1　百度百家

图 2-2　UC 订阅号

图 2-3　天天快报

"自媒体"最能体现其特殊性的是"自"。它体现了自媒体以下几个传播特质：

（1）传播信息个性化

自媒体时代，每个人都是媒体人，是信息内容的制造者和传播者，媒体不再是高高在上遥不可及的存在。因为人的个性化，每一个信息和观点都表达着每个人不同的思想，表达方式也五花八门，导致了自媒体在传播信息上的个性化。

（2）传播关系一体化

传播者和接收者一体化是自媒体区别于其他媒体的最大特质，受众既是内容的创造者，又是信息的接收者，这种关系的一体化，打破了传统媒体封闭式的传播格局。

（3）传播渠道多样化

传统媒体大多通过报纸、广播、电视、杂志等媒介进行传播，而且这种传播往往是单向的。自媒体的传播方式则十分多样，微信、微博、自媒体平台、论坛、空间等平台都可以作为发布和接收信息的平台。

（4）传播速度迅捷化

随着互联网技术的发展和移动互联网的迅速普及，信息的传播变得既迅速又便捷。人们可以随时随地在各种平台上发布信息、接收信息，一则新闻从发生到传播至全球，只需要短短几秒。

　　自媒体的以上特质，决定了它能够在主流媒体之外迅速崛起。它适应时代的特点和普罗大众的需求，在移动互联网时代有着重要的意义。构建自媒体是互联网思维之下企业运营的新突破口，可以看到，小米（如图2-4）、三只松鼠（如图2-5）、阿芙精油（如图2-6）等品牌，都是利用自媒体成功发家的典范。这些品牌从产品的发布、宣传到与粉丝互动，都充分利用了自媒体平台，扩大了公司的宣传力度和广度。

图 2-4　小米

图 2-5　三只松鼠

图 2-6　阿芙精油

　　在互联网时代，很多客户会把公司是否拥有一批自媒体平台作为评判品牌价值的重要标准，一家没有官方微信、微博平台的企业，必然不会是一家进取创新、紧跟时代脉搏的公司。所以当下每个企业都应该把自媒体放在公司的战略层面上来，构建自身的自媒体平台，并掌握一套科学的运营策略，才能在移动互联网时代的品牌塑造上占领一席之地。

2.1.3 自媒体运营术语

　　作为一个合格的自媒体运营官，下面这些术语必须认识并掌握：

　　（1）IP（Internet Protocol）：网络之间互连的协议

　　网络之间互连的协议也就是为计算机网络相互连接进行通信而设计的协议。在因特网中，它是能使连接到网上的所有计算机网络实现相互通信的一套规则，规定了计算机在因特网上进行通信时应当遵守的规则。任何厂家生产的计算机系统，只要遵守IP协议就可以与因特网互连互通，IP地址具有唯一性。

（2）UV（Unique Visitors）：独立访客数

独立访客数和独立IP是两个概念。独立IP，要求访问者的IP地址各不相同；独立访客数则未必。例如，同一台电脑，你注册了一个新用户，你哥哥注册了另一个新用户。此时，网站的后台会记录下1个独立IP，但同时会记录下2个UV。同一台电脑，你和你哥哥都没有注册，只是浏览。后台会记录下1个独立IP，及1个UV。当然，在同一天内，不管一个独立IP下的独立访客访问多少次，后台都只记录1次。

（3）PV（Page Views）：页面访问量

每一个用户，每打开一个页面，就是一个PV。一个网站，从首页到注册成功一共有5张页面，分别是：首页、填写用户名与密码、填写基础资料、填写高级资料、注册成功。每一个用户成功从首页点击注册并完成注册流程，后台就会统计，网站因此获得了5个PV。IP\UV\PV，构成了一个网站的独立访问数量。

（4）RV（Repeat Visitors）：重复访客

例如：昨天小明来看了看我的订阅号，今天他又来了。小明就是一个RV。重复访客彰显站点对用户的黏着程度，但建议不要把RV们看成整体，要作为个体对待。

（5）TP（Time On Page）：页面停留时间

例如：王大壮最喜欢看新闻，所以他每天看XO站的新闻频道10分钟；李小勇最喜欢看电影，所以他每天看XO站的电影频道30分钟。通过页面停留时间，可很好地了解用户喜好。

（6）TS（Traffic Sources）：流量来源渠道

百度每天为某网站贡献100个UV；用户直接输入网址为某网站贡献10000个UV；微信每天为某网站带来1000个UV……百度、直接输入网站和微信就是流量来源渠道。

（7）SEO（Search Engine Optimization）：搜索引擎优化

SEO是一个经常会听到的名词。它同时也是一项运营工作。这项工作主要在Web端起作用。它通过优化页面上的各种标签、保持内容更新、管理与优化内外链等各项工作，让搜索引擎认识自己的网站，从而在用户搜索时，使自己的站点出现在较为靠前的位置。通常，SEO的效果需要一段时间才能显现，一般来说，SEO是可以自行维护，无须花钱。当然，如果运营团队没有类似的经验，也可以通过外包给专门的公司去做处理。

（8）SEM（Search Engine Marketing）：搜索引擎营销

大家所熟知并且一直诟病的"竞价排名"就是SEM的一种。通常，SEM不付费是没法做的。

（9）ASO（App Store Optimization）：应用市场优化

ASO对应的是SEO，它是一种让App能够更容易在应用商店的搜索结果中被呈现的一种推广技术。它和SEO的做法类似，从App名称到介绍文案去覆盖热词，到尽量获得高分评论，不一而足。

（10）ROI（Return On Investment）：投资回报率

企业进行了一系列的投资活动，并期望这些投资活动带来较高的投资回报，然而投资回报率的高低受多种因素的影响，因此当在讨论ROI的时候，需要明确投资的目的，以及达到目的的方式，从而获得进一步提升。

（11）DAU（Daily Active User）：日活跃用户

这个概念，从游戏开始，普及到所有App，有点类似UV概念，但又有所不同。活跃的定义，虽然所谓行业标准是当日打开应用，但事实上，这应该是一个可自行定义的标准。

（12）ARPU值（Average Revenue Per User）：用户平均收入

例如：某网游，每月有1000万用户，每月有1亿元收入，那么，该游戏当月的Arpu值为：10元。某应用，1月有30万用户，1月收到1000万元收入，那么该应用1月的Arpu值为：33.3元。必须注意的是，Arpu值并不反映利润情况，只反映收入情况。

（13）CMS（Content Management System）：内容管理系统

简单地讲，CMS是由于Web2.0下内容型产品爆发成长，由于市场需求而产生的一个内容管理系统。最早的CMS系统，只会处理文本信息，但随着技术的进步，现在的CMS系统已经可以处理文本、图片、Flash、音视频等多种内容类型。

（14）UGC（User Generated Content）：用户创造内容

UGC并不是一种业务类型，而是一种模式。UGC的特点：用户是内容供应者、消费者、传播者；内容传播力度较强；质量判定由专业人员到普通用户。各种论坛是UGC，YouTube是UGC，微博是UGC。UGC充斥在我们身边，是目前最普遍也同时是最难做的一种内容模式。普遍是因为切换该模式几乎毫无门槛；难做是因为对于内容质量的把控和内容生成的促进。

（15）PGC（Professional Generated Content）：专家创造内容

UGC对应的是PGC，PGC类型有：名人博客、名人微博、网络自制剧等。"有妖气""罗辑思维"，都是PGC的代表。UCG和PGC也会互相转化，更多的时候UGC会向PGC转化。这个转化过程，很多人称之为"大V成长记"。对于早期的知乎来说，是UGC社区，而现在，则更倾向于是一个PGC社区。主要原因有马太效应，早期的用户中很多人已经聚集了太多关注，他们的内容永远在时间表的前列；草根用户的内容并不容易被发掘，进而更容易被湮没。

（16）BBS（Bulletin Board System）：电子公告板

1978年2月16日，Ward Christensen和Randy Suess在美国芝加哥发布了历史上第一个BBS系统（Computerized Bulletin Board System/Chicago），其后经过几番修改，1984年美国的Tom Jonning开发了一套具有电子功能的电子公告板程序FIDO。算下来，BBS已经有38年的历史了。现在说起BBS，大家的第一反应是——论坛。

（17）SNS（Social Network Sites）：社交网站

社交网站，是一种既可以帮人们建立社交网络，也可以让人们的社交关系的动态进行呈现的网站服务。国外是指在帮助人们建立社会性网络的互联网应用服务。

2.1.4 常见的自媒体营销平台

自媒体平台多种多样，每一个平台都有自己的特色。从QQ到微信、微博、博客、论坛，这些便于人们交流的社交平台在自媒体时代实现了功能的完美转变，纷纷成为自媒体人的战壕。目前比较常见的自媒体营销平台有：

（1）QQ空间

QQ是腾讯公司出品的一款即时通讯软件，早在2000年就占领了全国在线即时通讯近100%的市场。在自媒体日渐火热的趋势下，QQ空间也成了商家必争的营销平台之一。QQ空间具有低成本、高活跃度、内容多样性、互动便捷性的特点。很多商家看到了空间自媒体的优势，从而选择从QQ空间入手，进行营销活动。比如小米手机就选择在QQ空间进行新品首发（如图2-7）。QQ空间强大的用户流量和用户忠诚度，使其成为企业进行自媒体营销的选择之一。

图 2-7　小米千元新品 QQ 空间首发

（2）微信

腾讯公司于2011年1月21日推出的一个为智能终端提供即时通讯服务的免费应用程序，是近几年最火爆的一款社交软件。朋友圈和微信公众平台是微信强大功能的两个代表。朋友圈拥有超高的用户流量和强大的分享功能，能够使任何有价值的信息迅速传播。微信公众号目前为止已经发展超过200万个，用户每天在微信公众号上进行上亿条的信息互动，这吸引了大批企业和个人进入微信。

（3）微博

微博是最早进行自媒体运转的社交平台，虽然很多门户网站都打造或曾经打造了自己的微博平台，但是目前为止影响力最大的微博还是新浪微博。微博营销更多依靠的是粉丝经济，微博的粉丝数量和质量，将直接影响其微博账号的影响力和传播度。一个有效粉丝数上千万的微博大V，其影响力堪比门户网站。

（4）博客

博客拥有强大的包容性，其内容五花八门，个人心情、读书旅游、文体娱乐、政治财经都可以在博客上看到，这也使博客成为人们寻求自我话语权的不二选择。博客易于操作、费用低廉，而且针对性强、细分程度高，其公开性、互动性的特点，使越来越多的企业把眼光放在博客上。自媒体时代，博客这个看似已经进入衰败的媒体有了再次发展的机会。

（5）论坛

论坛是互联网上最早的产品形态之一，特别是随着Web2.0概念的兴起与迅猛发展，网络论坛更是遍地开花。据不完全统计，互联网上至少有几十万个论坛。论坛具有针对性强、互动氛围好、口碑宣传比例高、投入少、见效快的特点，因此，论坛一直是企业商家非常热衷的宣传手段。

（6）门户自媒体

门户网站基本上都推出了自己的自媒体平台，培养自媒体人在自己的平台上发布原创文章。进驻门户网站的自媒体平台，类似于在各大门户网站上建立属于自己的博客或者专栏自媒体。目前，百度百家、搜狐自媒体、今日头条、网易自媒体等都是具有较高知名度且比较受欢迎的自媒体平台。门户自媒体，依托门户网站自身强大的影响力和号召力，在用户心中有一定的公信力和信赖感，因此成为企业进行营销的选择。

除了以上自媒体平台，目前比较常见的还有：知乎、豆瓣、一点资讯、蜻蜓FM、斗鱼直播、搜狐视频平台等形式多样且有一定影响力的自媒体平台。

2.2 自媒体营销操作要领

2.2.1 自媒体营销常见的三大问题

就目前来看，构建自媒体的主要目的是在工作和生活以及其他方面获得相应的回报，比如拓展人际关系、推广产品、提高自身知名度以及影响力等。尽管很多人都在使用自媒体，但是自媒体做营销的效果却不是很好。目前，大多数的自媒体运营者都需要注意以下三个问题：

（1）定位不明确

定位对每一家企业来说都尤其重要，它决定了企业的目标客户和市场。很多自媒体在运营的时候，都没有弄清楚自己的定位以及目标群体，这样就必然导致用户对企业的自媒体印象模糊，达不到任何宣传和记忆的效果。所以，企业首先必须专注于自己的本行，而不是跨越到其他行业或者品类进行定位，更不能偏离自己的主题，模糊了自己的定位。其次，企业需要找准自己的目标群体，找准了目标群体，才能有目标地运营，由此思考：需要面对的是什么样的群体，这些群体喜欢什么，厌恶什么，关心什么，以及怎么样才能吸引他们。这样，企业在自媒体运营时才会更具有计划性和策略性。

例如某些自媒体人，名称显示其是培训行业，但每天发布的内容大多是关于自己吃喝玩乐的，时不时地才会发一条培训行业的消息，显然这样的自媒体不会获得较大的影响力，粉丝也不会得到增长，这就是目的不明确的表现。自媒体营销的目的一定要明确，否则，不但达不到该有的效果，而且还会损害形象。

因此，为了让自媒体维持高质量、稳定的粉丝群，产生营销推广的作用，就必须给它一个明确的定位。这样一方面能够为粉丝提供良好的内容和服务，另一方面也容易和商业伙伴合作并产生价值。

（2）可持续性较差

自媒体人写作随意性大，灵感来时，文如泉涌；无灵感时，三五天也不做内容更新。这种做法使得粉丝不稳定，内容质量日益下滑。总的来说，就是其运营的可持续性较差。这类自媒体运营者走进了一个误区，认为偶尔发表一下感慨或者推广一下产品，就是在做自媒体营销。这样没有持续性的营销是没有任何价值的。

（3）商业性太强

尽管一些自媒体已经获得了一些粉丝的影响力，却无法将其转化为商业价值。对此，有些个人或企业开始将自媒体内容转换成商业内容，想获取一定的利益。但同时却出现了一个更大的问题，因为过度商业化，导致自媒体的内容质量下降，使内容显得更加功利。在与他人合作的过程中，如果没有成功帮助对方实现商业价值，没有达到合作前所承诺的宣传效果，那么就会失去对方的信任。

2.2.2 自媒体营销的误区

虽然很多企业都在利用自媒体平台进行营销，但也有一些企业陷入以下误区：

（1）与品牌形象和企业文化不符

品牌形象是企业包装的外在，企业文化则是企业宣传的内核。企业是否具有美好的外在形象和良好内在涵养，关系到企业在用户心中的形象，进而影响到企业与用户之间的关系。因此，在自媒体运营中，定位要与企业品牌形象和企业文化保持一种整体性，无论是线上线下、哪种平台，都要保持一致，体现企业的整体形象和文化。试想如果企业塑造的是一种新潮创意的形象和文化，而在自媒体平台上却显得沉闷无趣，用户心中对于该企业形象肯定会有偏差，变得模糊起来，而这样的企业自媒体平台也聚集不了任何人气。

（2）盲目跟风，缺乏个性

目前的自媒体运营中，有独特个性和自我特色的很少，而盲目跟风、蹭热点的居多，这样的自媒体平台毫无辨识度，对企业品牌的塑造和推广起不到任何作用。还有一些企业，自媒体做的倒是风格多样、内容丰富，各类成功学、鸡汤文、养生说都在其自媒体上发布，看到什么样的内容受欢迎就做什么，把自己的平台做成了大杂烩。这样的自媒体平台虽然能够短期内迅速聚集起一批用户，但对企业和产品宣传没有任何作用，这样培养起来的受众也完全不会对企业本身产生任何兴趣。因此，企业运营自媒体，必须要有一个清晰而独特的自我定位，更要专注于自己的领域，将自己做成领域内的专家。

（3）贪多贪全，没有重点

目前自媒体平台品种繁多，各有优势，这也导致了很多企业在选择自媒体平台时，贪多贪全，每个平台都去做，但由于没有真正分析哪个平台更有力，也更适合自己，从而在运营中失去重点，导致哪个平台都做得不好。事实上，每个平台都有自己的特点和优势，不同的企业诉求不同，对平台的选择上就应该有所不同。什么样的平台是时下最有效的，而什么样的平台又是最契合企业气质的，都需要运营人员认真分析，慎重选择。只有全力以赴做好最适合自己的几个平台，才能得到事半功倍的效果。

（4）只管发布，不管互动

互动是自媒体营销永恒的话题，正是因为自媒体平台强大的即时互动功能，才让信息和口碑的裂变式传播成为可能，也使企业和用户之间能够更加及时深入地进行交流。然而很多企业的自媒体运营官，都只管发布信息，而很少与用户进行互动，这样就会使双向传播退化成了单向传播，也让企业更加失去了"人味儿"。另外，就算是有互动，目前大多数互动都还停留在网络平台的交流上，这种互动虽然容易达成，但更容易失去黏性。如何把互动垂直引导至线下，又如何利用线下活动真正让网络粉丝成为铁杆支持者，这才是自媒体时代的重要课题。

2.2.3 自媒体营销的要点

（1）增强用户黏性

所谓用户黏性是指留住用户，让用户对运营的自媒体产生一种依赖性，达到一种"忠诚"的状态。提高用户黏性是自媒体运营的要点之一，就像开服装店、超市一样，让客户时刻关注你的自媒体，甚至让他每天惦记、等待发布的信息，这样的自媒体才能发挥出最强的营销效果。当然，培养用户黏性需要一定的时间，用户数量多并不能说明用户黏性就大。因此，要做好"打持久战"的准备，一点一滴地去培养用户的黏性。

（2）放低姿态

人人都可以构建自媒体，这就意味着信息可能会泛滥。在海量的信息中，人们对信息的选择会更加自主，所以自媒体运营者就要放低姿态，否则就会流失一些客户。

有一些自媒体经营者就存在着这种问题，特别是一些名人、大企业，他们开通自媒体后经常发布一些"高端、大气、上档次"的言论，不够亲民。用户留言提出问题，他们也不屑一顾，甚至对一些用户的提问进行讽刺。也许有些自媒体经营者这样做是刻意的，其目的是吸引更多人的关注，炒作自己，但是这些关注者是冲着负面影响而来的，大多数人都是来看热闹的。从营销的角度来说，这种行为可以说是一种自我毁灭式的营销方式。

平民化、草根化是自媒体最大的特点，而脱离用户的自媒体必然无法发挥出这两大特点的优势。所以，不管是明星还是高管，都必须放低自己的姿态，用个性化的思想、情感来提供高质量的内容，与受众群体平等地沟通。不管是世界五百强企业还是大型组织，站在与受众群体平等的角度上沟通互动，才能赢得用户的喜爱。

因此可以通过内容的及时更新，有态度、有思考，认真地发布内容，用幽默、风趣的方式表达思想，语言贴近人们的生活等方式与用户形成良好互动。

（3）保证与受众群体沟通顺畅

自媒体营销是一个长期过程，操作中稍有差池就会前功尽弃，到时就算从头再来也很难再取得良好的效果。为此，在运营自媒体的过程中，一定要和受众群体保持顺畅的沟通。

自媒体运营者可以通过热点话题引发他人关注或引起受众群体的讨论，然后加入讨论，及时回复。如果无法做到一一回复，可采用统一回复的方式，以此达到与受众群体有效沟通的目的。

在沟通的过程中，如果出现意见分歧，可以与受众群体真诚讨论，但万不可删帖，这样会丧失公信力，影响受众群体忠诚度。也许有人认为删除不当言论是一种正确的做法，这样可以避免长期伤害受众群体的感情。但是，如果之前本身言论有误，但已经进行了道歉，那么不妨将其保留，这样反而能体现其勇于承担后果的态度，是值得被信赖的。这样一来，就算无法提升受众群体的忠诚度，也不会招致反感。

此外，还应该密切关注同行业的其他自媒体，对行业领袖要格外注意，要与他们进行及时的互动，力求让自己也变成舆论的风向标。

（4）掌握自媒体社交礼仪

自媒体营销和传统营销一样，都具有社交属性。因此，在运营自媒体的过程中一定要掌握基本的社交礼仪。例如，尽量及时回复用户的问题，如果不能一一回复，就要进行统一回复；在与用户通过自媒体沟通时，要尊重对方，真诚对待每一个用户，这样才能够增加用户的好感。

2.3 借势营销技巧及案例分析

2.3.1 什么是借势营销

借势营销是将销售的目的隐藏于营销活动之中，将产品的推广融入一个消费者喜闻乐见的环境里，使消费者在这个环境中了解产品并接受产品的营销手段。具体表现为通过媒体争夺消费者眼球、借助消费者自身的传播力、依靠轻松娱乐的方式等潜移默化地引导市场消费。

换言之，便是通过顺势、造势、借势等方式，以求提高企业或产品的知名度、美誉度，树立良好的品牌形象，并最终促成产品或服务销售的营销策略。现实世界，无论是新闻热点、公众事件，还是网络名人，都会在网络上传播并迅速发酵，这样的热点事件是一种话题，能够引起上千万网友的热烈讨论。借势营销就是与网友共享话题，让企业能够借着舆论热点，进行品牌推广和产品展示。

对企业来说，让事件发挥营销价值，最重要的便是找到事件与自身品牌的交集，找准契合点。只有能够符合品牌内涵和品牌个性的事件，才能让品牌的特点得到彰显。反之，如果和品牌没有交集，或没有找准契合点，而是生搬硬套，不但不能得到网友的好感，反而对自己的品牌形象会有不好的印象。

相对于广告等传播手段，借势营销能够起到以小博大，花小钱办大事的作用，也往往能取得四两拨千斤的传播效果。

2.3.2 借势营销能够带来什么

（1）广告效应

不管使用什么营销手段，最终目的都是达到广告效应。而每个热门事件，都是社会热点，是人们茶余饭后的共同话题。由于人们对热点事件保持了高度关注，借势营销时发布出去的推广信息，就会随着借助的热点事件一起进入人们的视线，一次成功的借势营销，能够成功让大家记住热点事件背后的品牌和产品，以及它们之间的联系，从而让人们在提起这次事件时，都能够自然而然地记起营销品牌和产品，广告效果不言而喻。

（2）品牌传播

对于那些刚刚起步或者一直默默无闻的企业来说，如何快速树立自己的品牌形象，打开知名度，是一个很大的难题。借势营销几乎零成本，只需要企业快速反应，并找到自身与事件的契合点，便可以进行借势营销传播。并且热点事件往往都是裂变式地传播，可以在最短的时间内达到最广泛的传播效果，企业的品牌也就能够随着热点事件一起传达到受众的视线。成功的借势营销往往能够帮助企业在最短时间内，用最少的成本达成广泛的品牌传播。

（3）快速聚集粉丝

随着热点事件把自己的品牌传播出去的同时，企业运营的相关账号肯定也会出现在受众的视线内。一次成功的借势营销，其构思必然是精妙的，内容必然是精彩的。将这种有意思且有意义的信息传达给受众的运营号，也必然会引起受众的好感。虽然这种好感很可能是暂时的，但也足以吸引到很大一部分受众，成为企业自媒体平台的粉丝，甚至会主动转发企业发布的相关内容，将这个平台分享给更多的人。

2.3.3 如何利用热点借势营销

要利用热点进行一次成功的借势营销宣传，需要做到以下几点：

（1）借助的热点必须有新闻价值

好的热点必须具备新闻价值，能够吸引人们的眼球。这类事件有娱乐新闻、公益事件、社会焦点、企业丑闻等等。但是，不管事件多么热门，最重要的还是找到事件与自身品牌的交集，找准契合点。另外，有些事件虽然吸睛，但并不适合进行借势营销。比如2015年火遍全网的优衣库"不雅视频"事件，虽然很快刷爆了微博、微信等社交平台，但由于该事件的特殊性，借其做营销的企业很少，而少有几个做了营销的品牌，受众也并不买账，觉得这些商家做起营销太没有底线，反而折损了企业的名誉。

某品牌在微博上借势优衣库"不雅视频"事件，做了图文营销（如图2-8）。

图 2-8　某品牌借势优衣库"不雅视频"事件

（2）必须利用多样的传播渠道

借势营销对传播渠道的要求很高，如果没有完善的传播渠道网，只在零散的几个自媒体平台发布，就无法形成宣传合力。通过分析那些成功的借势营销案例，就会发现，这些企业的营销策略往往都是先在热度最高的平台首发，然后其他的自媒体平台迅速跟上，让受众无论通过哪个平台，都能看到该企业的借势营销内容。这样，一次小的借势，就会乘上为数众多的顺风车，扩散到网络的每个角落。

2016年7月20日，优就业借势北京大雨，制作了相关的推广图片，并迅速在QQ空间、微博、微信等平台，发布相关内容（如图2-9、图2-10、图2-11）。

图 2-9　优就业 QQ 空间借势北京大雨

图 2-10　优就业微博借势北京大雨

图 2-11　优就业微信借势北京大雨

（3）增加受众参与度

没有受众参与评论转载的借势营销，也只能是企业自己跟自己玩耍的独角戏。好的创意要想被看到，就需要增加受众的参与度，受众互动决定了平台的凝聚力。自媒体运营官要重视参与转发和评论的每一个受众，积极与受众互动，让受众参与进来，这样才能充分发挥受众的传播作用。

网友们的智慧是无限的，有效地调动起网友的积极性，必然会有网友参与到借势营销的创意中来，也许会想出一些更加妙不可言的点子。这样一经采用发挥，很有可能会得到意想不到的收获。

例如：2016年7月20日，演员陈晓和陈妍希大婚，成为当日的热点话题，某微信公众号当晚发布了一篇相关的图文推送（如图2-12），并与评论者频繁互动（如图2-13）。

图 2-12 某微信公众号借势陈晓 & 陈妍希大婚

图 2-13 某微信公众号微信图文回复

除了在图文的评论区与粉丝互动，该微信公众号还会时常发布征集信息，就某一个主题向粉丝征集相关图片或文章，并在编辑整理后，在随后的图文推送中发布出来（如图2-14）。这种形式不仅充分调动了粉丝的力量，为自己创造优质内容提供大量素材，并且让粉丝很有参与感和融入感。

图 2-14　某微信公众号征稿

（4）巧妙联系事件

不管事件多么热门，多么值得借东风，对企业来说，最重要的还是要找到事件与自身品牌的交集，找准契合点，才能让事件发挥营销的价值。只有能够符合品牌内涵和品牌个性的事件，才能让品牌的特点得到彰显。巧妙联系事件，才能输出优质的借势营销内容，而优质的内容也决定了平台的吸引力。

图 2-15　百年润发借势"反手摸肚脐"

百年润发洗发水品牌借势2015年全网都在玩的"反手摸肚脐"，通过"我胖的原因是：有人多素食营养在肚子里实在不好瘦"的文案及摸不到肚脐的瓶身的图片（如图2-15）进行产品推广，既结合了话题，又说明了自己的产品富含素食营养的特点。

2.3.4 借势营销经典案例分析

本节将分析借势营销的一些经典案例。一是分享杜蕾斯的经典借势营销案例，杜蕾斯的策划团队在借势营销方面是极其优秀的；二是2016年NBA巨星科比退役时，看企业如何借助热点事件做营销；三是以"六一儿童节"为例，分析如何借助某一固定的节日做营销。

2.3.4.1 杜蕾斯的借势营销

论借势营销，杜蕾斯是业界的翘楚。杜蕾斯团队反应迅速，并且能找到恰当的切入点，将品牌植得不仅合情合理，还让人眼前一亮。例如，"北京大雨鞋子套避孕套""光大是不行的"等精彩案例，就是出自杜蕾斯策划团队之手。把握热点之准、反响之快、创意之巧妙，实在令人拍案叫绝。

2014年，微博上市，杜蕾斯打出如下文案：微勃上势。（如图2-16）

李娜退役，杜蕾斯反应速度，配了下图（如图2-17），并说："一路有李，娜就很好"。此次借势营销是众多品牌中反应最快、文案最恰当的。

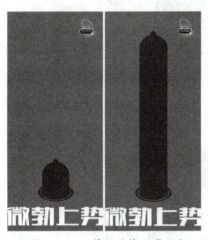

图 2-16　杜蕾斯借势微博上市

图 2-17　杜蕾斯借势李娜退役

杜蕾斯无疑拥有一支非常优秀的自媒体运营团队，面对热点事件时，能够迅速反应，找到绝妙的切入点，给出令人拍案叫绝的文案，以及恰如其分的配图。杜蕾斯的借势营销还在继续，值得所有自媒体运营者长期学习。

2.3.4.2 科比退役，如何借势

2016年4月14日，NBA史上最伟大的篮球运动员之一——科比·布莱恩特完成了他的最后一次NBA之战，结束了自己20年的篮球生涯。无论是热爱篮球还是喜欢体育，因为科比的影响力，企业都不会放过这个借势营销的机会。由于科比将在本赛季退役的新闻早已广为人知，所以面对这次热点事件，大部分企业都及时做出了反应。

阿里云发文：我现在所做的一切，都是为了追求更加完美。（如图2-18）

京东发文：传奇会落幕，但传奇的故事不会。（如图2-19）

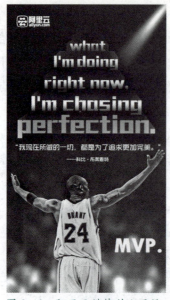

图 2-18　阿里云借势科比退役　　　　　　　图 2-19　京东借势科比退役

荣耀发文：荣耀的背后，是多年的坚持。（如图2-20）

图 2-20　荣耀手机借势科比退役

2.3.4.3 六一儿童节，我们都是宝宝

节日来临之际，许多商家早早就开始做起了广告，这种既传统又现代的做法早已不足为奇，这依旧是节日借势营销的好方法，但关键就在于怎样做广告才会达到想要的营销效果。由于"六一"节最明显的特征就是为儿童设计，所要表达的主题都是围绕童真，可爱以及欢乐等来展开。

（1）海报篇

2016年儿童节，支付宝把所有用户的名称后面都加上了"宝宝"两个字（如图2-21），而且6.1~6.5日期间用户无法修改头像和昵称。

图 2-21　支付宝借势儿童节

京东玩了一次文字游戏，遮挡文字，将下面这段话变成了完全相反的意思，呼吁大家多陪陪孩子（如图2-22）。

图 2-22　京东借势儿童节

（2）LOGO篇

像谷歌、百度、搜狗等搜索引擎都会利用节日做LOGO变动（如图2-23、图2-24、图2-25）。在LOGO中使用儿童节元素，适合垂直门户类、平台类网站，另外自媒体平台也可借助儿童节改LOGO，甚至个人的微信号、微博号换个卡通头像也是在借势节日进行营销。

图 2-23　百度儿童节 LOGO

图 2-24　谷歌儿童节 LOGO

图 2-25　搜搜儿童节 LOGO

（3）H5篇

H5简单地说就是利用html5制作出来的页面。H5从诞生以来，在移动端运用广泛，因为其形式灵活、功能强大、易于传播的特点，成为自媒体营销上运用广泛的方式。如今，H5的营销花样越来越多，种类也越来越丰富，企业在节假日做一个小的H5

页面进行营销，效果也非常不错。

2016年儿童节，天天P图和QQ空间一起推出的这个H5（如图2-26）在微信朋友圈刷屏。

图 2-26　天天 P 图借势儿童节

无忧英语的这款H5（如图2-27）给出了一系列小学时代的英语测试题，回忆满满。

图 2-27　无忧英语借势儿童节

2.4 自媒体平台实例操作及运营技巧

2.4.1 今日头条自媒体平台实例操作

今日头条是一款基于数据挖掘技术的个性化推荐引擎产品，它为用户推荐有价值的、个性化的信息，提供连接人与信息的新型服务，是国内移动互联网领域成长最快的产品之一。"今日头条"于2012年8月上线，截至2016年7月，"今日头条"累计激活用户数已达5.3亿，日活跃用户超过5100万。

今日头条通过对用户人群画像的分析，针对兴趣不同的用户推荐用户感兴趣的资讯，这对于喜欢看资讯的用户来说就是一款"懒人资讯"软件，因此今日头条的推送内容也往往会获得非常高的流量。作为近年来备受瞩目的自媒体平台，今日头条吸引了大量的自媒体运营者入驻。

2.4.1.1 头条号账号注册

要运营今日头条首先得拥有自己的头条号。从2016年起今日头条放宽了头条号注册考核条件，人人都可以拥有头条号。在注册头条号时头条号名称、介绍、辅助材料很重要，不仅可以提升注册通过率，而且对以后运营也有很大的影响。

在注册之前需要提前对头条号进行定位，头条号的名称、介绍以及类目要做到相关、相近、相同，这一步作用是增加通过率，且有利于日后头条对其考核，因为其中一项指标就是头条指数专业度。

注册（如图2-28）方式有两种，邮箱注册或新浪微博登录。一个身份证只能进行一个账号的申请，无论账号申请成功与否，此身份证将不能再进行申请，且不支持注销账号。

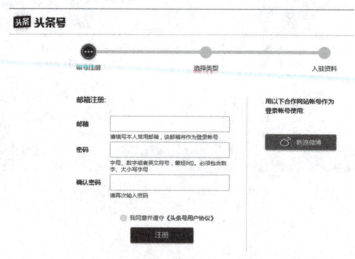

图 2-28　头条号账号注册界面

目前，头条号开放注册的类型（如图2-29）有：个人、媒体、国家机构、企业和其他组织五种。不同类型的账号在功能使用上有所区别（如图2-30），需要准备的申请材料也不一样（如图2-31），其中注册频率最高的是个人号和企业号两种。

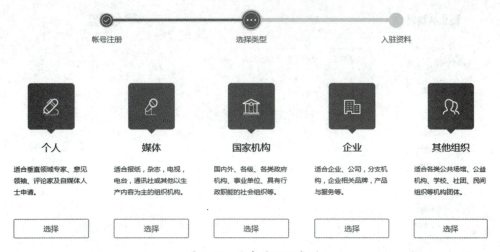

图 2-29　头条号注册类型

类型	个人	媒体	国家机构	企业	其他组织
微信内容源同步功能	●	●	●	●	●
rss内容源同步功能	●	●	●	●	●
头条广告	● 需申请	●	●	●	●
自营广告	● 需申请	● 需申请	● 需申请	●	● 需申请

图 2-30　不同类型头条号的功能使用

个人	媒体	国家机构	企业	其他组织
运营者身份证姓名	运营者身份证姓名	运营者身份证姓名	运营者身份证姓名	运营者身份证姓名
运营者身份证号码	运营者身份证号码	运营者身份证号码	运营者身份证号码	运营者身份证号码
运营者手持身份证照片	运营者手持身份证照片	运营者手持身份证照片	运营者手持身份证照片	运营者手持身份证照片
运营者手机号	运营者手机号	运营者手机号	运营者手机号	运营者手机号
联系邮箱	联系邮箱	联系邮箱	联系邮箱	联系邮箱
提供优质原创文章链接	组织名称	机构名称	企业名称	组织名称
	授权书	授权书	授权书	授权书
	组织机构代码证		企业营业执照	组织机构代码证
	媒体官方网站		企业官方网站	

图 2-31　注册头条号需要准备的材料

2.4.1.2 头条号内容发布

目前头条号每天可以手动更新5篇,可选四种发布类型:文章、视频、图集和趣味测试(如图2-32),其中发布本地视频、图集、趣味测试的形式容易被推荐。

图 2-32　头条号内容编辑界面

在内容方面所有互联网软件都一样,要"原创";另外文章内容必须健康,关于黄赌毒类的文章决不能发。这两条是对入驻头条号原创与健康指数的考核。因为今日头条是推荐引擎产品,十分注重用户体验,所以只有质量高的文章才能得到推荐。

2.4.1.3 微信内容源接入

除了手动发稿,头条号还可以自动同步RSS(站点用来和其他站点之间共享内容的简易方式)供稿、微信公众号的内容。目前除了企业类型的账号,另外四种都可以接入自己的微信公众号内容(如图2-33)。开通后,头条号会定期同步指定授权的微信公众号所发表的内容。

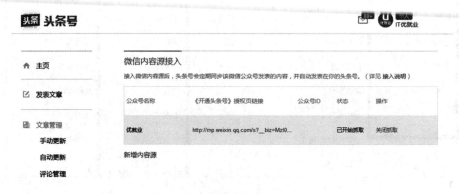

图 2-33　头条号微信内容源接入后台

微信公众号接入标准：

（1）公众号至少有20篇历史文章；

（2）文章内容优质，垂直性较强，且公众号定位与关联头条号定位保持一致；

（3）禁止含有时政社会、低俗色情类内容的账号接入；

（4）禁止含有大量转载、广告营销类内容的账号接入；

（5）禁止含有大量奇葩搞笑、健康养生、情感娱乐类内容的账号接入；

（6）禁止含标题夸张的内容，有标题夸张嫌疑的内容，平台会限制推荐量。

2.4.1.4 头条号指数

考虑到今日头条是一款基于数据挖掘的推荐引擎产品，内容质量把控至关重要，为了避免没有价值的内容流向用户，头条又在2016年3月8日推出了头条号指数（如图2-34）。

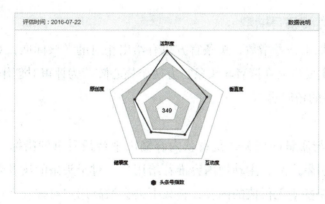

图 2-34　头条号指数评估界面

对于头条号指数，今日头条官方给的解释是头条号指数是一个聪明的大数据指数，它是机器通过对读者阅读行为的记录与分析而得出，用于判断一个账号是否值得被推荐以及获得多少推荐量。主要由健康度、原创度、活跃度、专业度以及互动度五个维度组成。也就是基于头条号的数据收集进行分析，对入驻的头条号进行质量评分，评分高质量好的头条号就能获得大量的推荐量，反之则减少，以此来做到对内容质量的品控。

2.4.1.5 头条号相关术语

（1）订阅用户：类似于微信、微博中的粉丝数，即订阅了该头条号的用户数。

（2）推荐用户：根据历史发文情况计算得出，该头条号单篇文章预计可被推荐给的读者数量。

（3）平均阅读量：最近30天内的所有发布成功的文章阅读量的平均值。

（4）月活跃粉丝数：最近30天内阅读该账号内容两次以上且阅读率（阅读/推

荐）不低于50%的用户。

（5）推荐量：文章出现在今日头条各端信息流里的数量。

（6）阅读量：用户点击进入文章详情页并进行阅读的数量。

（7）"已推荐"标识（图2-35）：头条号在后台发布文章，将进行两次审核，初审通过后将展现在媒体主页中；之后进入推荐审核，通过后将被打上"已推荐"标识，获得推荐。

测试|只有聪明人才看得出来的6张图，你能看出来吗？

置顶 已推荐 情感 2016-06-16 18:52 取消置顶 更多操作 ∨

推荐：162.2万 | 阅读：37.8万 ⑦ | 评论：294 | 转发：1.3万 | 收藏：4868 | ☜分享

图2-35 "已推荐"标识

2.4.2 今日头条自媒体平台运营技巧

2.4.2.1 如何提高头条号指数

对于如何增加头条号指数，头条官方也有给出相对的考核标准，对创作者头条号指数的增与减，主要由大众读者与头条官方两个核心阵营为评审对创作者进行考核。

（1）从读者的角度看

●原创度

对内容原创与质量的把关，是每款内容输出平台最看重的指标，并且"今日头条"是一款推荐引擎产品，主动把内容推荐给用户。对于头条的读者来说，如果头条推荐的文章都是一些毫无价值的内容，长久下去会增高用户对推荐文章的跳出率，久而久之卸载软件是一种必然。

因此创作者不仅要推出原创内容，内容的质量更重要。减少跳出率说明文章内容要吸引人，所以创作者们需明白原创不等于质量，只有抓住读者的"胃"，头条推荐的每一篇文章读者才能用心看完，这样原创度绝对满分。

●健康度

对于健康度的考核，主要从图片与内容两个方面考核。今日头条是一款移动平台，内容都推荐到手机客户端，考虑到读者点开内容图片读取的速度、分辨率。所以建议在图片不失真的前提下大小不超过500K，图片宽高控制在600×360左右；除了图片的格式之外，然后就是对图片美观进行考核，图片要清晰并且与文章主题切合，切勿放一些涉黄不健康之类的图片。

另外就是对内容健康度的考核。黄、赌、毒、标题党，这几项是头条对内容健康度严格考核的因素，黄赌毒的内容是绝不允许的。对于标题党，其实读者不反对那些标题夸张但内容符合的文章，通过夸张的标题吸引读者点击，配上名副其实的内容，这类文章读者更多给的是赞许。而那些华而不实的标题，读者是坚决反对的，这是在浪费阅读的热情与时间。

● 活跃度

作为读者，如果我订阅了你的头条号，说明你的文章我是认可的，就像"罗辑思维"每天都要更新，一旦不更新，"罗粉"就会不习惯。头条也一样，一旦读者认可了你，某一天你不更新，读者一样也会不习惯，这样用户体验就会下降。因此建议每天准时准点推出内容，培养读者阅读习惯。

● 专业度

提升专业度，需要的是增加头条内容的权威性。读者是抱着获取信息与知识的态度阅读订阅创作者的头条号，读者当然希望头条号每天都能产出一些对其有用的内容。再拿"罗辑思维"来说，他们定位很明确，就是引导用户读书，一直以来都在做这么一件事并且非常专业，所以用户对他们产生了依赖，同时就是对威信的依赖。

所以，建议头条号创作者在头条号注册时要选择其专业的领域，能够持续输出权威专业的内容，培养一批忠实的订阅者。

● 互动度

头条对互动度的考核主要是创作者在评论区多回复读者，与读者互动。作为读者、粉丝，能够对文章进行留言点评，但仔细看完一篇文章对不习惯阅读的人来说难度很大，所以能留言评论的都是用心阅读的读者，并且非常希望能得到原创作者的回应。

对于读者的评论，很多创作者都会遇到反对的观点以及不文明的留言。对于好的点评创作者应该最快时间内进行回应；对于那些反对的观点，创作者可以稍加解释，而对于不文明的留言创作者切勿与读者对骂，可以选择无视或者向头条官方投诉。

（2）从今日头条的角度看

● 原创度

强调原创、强调文章质量，这是所有内容平台都看重的。但是对于原创的定义，目前为止没有哪一款软件能够准确地判定内容是否属于原创，并且也不能做到百分百输出原创内容，所以头条在看中原创的同时，可能更看中内容是否是在头条首发。

假设一篇文章你在其他平台上已经阅读过，然后头条又给你推荐，作为读者应该会觉得厌烦，用户体验骤然下降。所以在头条的内容原创度考核中，是否首发很重要。在内容为王的时代讲究的是时效性，只有把有价值的内容第一时间推荐给读者，减少文章阅读跳出率就是原创度提升的关键。

● 健康度

头条作为资讯平台，每天的信息输出量巨大，且在互联网传播的信息国家是严格把控的，因此与政治、谣言相关的内容被定义为不健康的内容，创作者尽可能不要去触碰这方面的内容。

另外软文广告尽量少发，假设创作者都在发广告软文，那内容的质量会骤然下降，这不利于头条的发展，头条号指数也上不去。另外作为平台，头条很大一部分收益是来自广告，如果大家都在发软文广告，那头条的广告收益就会减少，所以建议每一位创作者，如果没有过硬的软文编写能力，就不要发一些营销型软文内容；还有在文章头部、结尾留联系方式的做法尽量不做，如果被发现，可能会被指数降权，甚至封号。

● 活跃度

相对来说活跃度在头条号指数五个维度中，最容易上升。作为创作者只要不断地推出高质量的作品，持续向头条输出高质量内容，就能提升相应的活跃度。

要想增加活跃度，除了每天更新发文，还有一点很重要，就是每天使用头条的频率，以及在线时间。创作者对于头条既是内容输出者又是忠实用户，在互联网时代使用频率与在线时长是对一款软件活跃度评价的指标。所以对于创作者，只要每天坚持内容更新，然后在PC端与移动端保持一定的在线时长，活跃度就会是满分。

● 专业度

今日头条是一款基于数据挖掘的推荐引擎产品，依托大数据分析读者感兴趣的领域，然后把内容精确地推荐给读者。而作为创作者要保持文章专业垂直，头条推荐才能越精准。所以作为创作者，一旦确定好了领域，不要随意更改。

● 互动度

每一篇文章的阅读数量会分为站内阅读与站外阅读，站外阅读就是通过创作者或者读者把头条的内容分享到其他平台获取的阅读量。文章站外阅读量越高，说明此文章对站外的推广力度越大。因此每一位读者、创作者将在头条上发布的文章在其他平台上进行传播的做法，其实就是在为头条免费宣传。

2.4.2.2 打造高流量的小技巧

如果说从原创度、健康度、活跃度、专业度和互动度五个维度着手，提升头条号指数是官方认证的运营"正道"，那么下面这些小技巧，就是有助于打造高流量的"旁门"。

（1）文章标题

文章标题很重要，其贯穿了全文线索，表明写作对象，但切忌在头条中成为标题党。今日头条与微信公众号文章不同，微信需要吸睛的标题诱惑读者点进去，但头条不一样，属于主动推荐。

文章标题过度夸张确实能吸引阅读量，但如果与内容不符，用户对文章点击

"踩"或者点击"不感兴趣"时，会给头条号带来很大的影响，一旦不感兴趣的数量过多，头条对文章的推荐量就会减少。

（2）时间

这里所说的时间是文章标题与内容，还有文章发布的时间。在头条搜索框中搜索一个关键词，标题带有"2016年""最新""最快"等时间词容易排到前面（如图2-36）：搜索"创业"后，带有时间词的排第一和第四。

另外内容中今天、明天类似的词最好用具体日期代替，再就是头条发文的时间，考虑到用户晚上有空余时间以及睡觉前看手机的习惯，推荐发文的时间最好在下午5点左右，因为头条对发文要进行审核，通过后才慢慢开始推荐。

图 2-36　头条号搜索结果页

（3）文章缩略图

在互联网中图片往往要比文字更吸睛，在头条中文章缩略图可以设置3张，对读者就会有良好的吸引力，而且好的图片还能增加头条指数的健康度，所以在发文时尽量带上3张图片（如图2-37）。

图 2-37　头条号缩略图

（4）外部引流

今日头条的文章收录效果很好，收录速度快且排名较好，所以头条的阅读量还可以从PC端引入。

2.4.3 搜狐公众平台实例操作

2.4.3.1 搜狐公众平台介绍

搜狐公众平台是集搜狐网、手机搜狐网和搜狐新闻客户端三端资源大力推广媒体和自媒体优质内容的平台。各个行业的优质内容供给者（媒体、个人、机构、企业）均可免费申请入驻，为搜狐提供内容。利用搜狐三端平台强大的媒体影响力，入驻用户可获取可观的阅读量，提升自己的行业影响力。目前重点运营的分类有：旅游、健康、时尚、母婴、教育、美食、汽车、科技等。

搜狐集中三端的流量，全力推广自媒体内容，通过门户的广场传播加关系链传播两个途径，再加上自媒体用户的认真耕耘就可以快速获取阅读量，且搜狐长久积累的媒体属性使得专业规范的优质自媒体内容更容易获得用户信任。

搜狐公众平台有以下特点：

（1）三端全力推广

集中搜狐三端的优质流量大力推广自媒体，快速获取阅读量。文章只需要发布一次，搜狐三端就会同步显示。

（2）自动化推荐上头条

打破原有编辑推荐机制，根据文章本身质量及流量表现进行自动化推荐，写得好就有机会上头条。

（3）关系链传播

订阅、评论、分享，利用关系链传播获取更多流量。

（4）自动生成个人移动站点

搜狐公众平台结合搜狐建站产品——快站，为自媒体用户自动生成一个移动站点，并可以登录快站自行修改内容。

（5）百科式内容分类

根据垂直频道的属性，建立百科式内容分类，优质文章选择相应的分类就会出现在分类对应的自动列表中，或被推荐到频道首页等重要位置。

2.4.3.2 搜狐公众平台注册

公众平台面向四种类型的用户（如图2-38）：个人、媒体（传统报纸、网站）、机构（企业、社团或其他组织）、政府。进入搜狐公众平台后用搜狐账号或第三方账号（微博、QQ）登录后，选择对应的类型，按照规范如实填写注册资料（如图

2-39），等待审核通过后，即可生成搜狐公众平台账号。个人还可以在手机端访问mp.sohu.com进行注册。注册通过后，还可以在手机上用搜狐新闻客户端直接登录，管理自己的公众号。

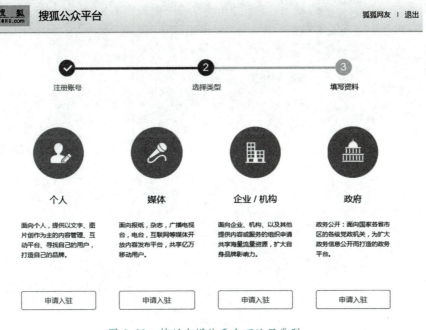

图 2-38　搜狐自媒体平台可注册类型

图 2-39　搜狐自媒体平台资料填写

2.4.3.3 搜狐公众平台内容发布

登录搜狐公众平台后进入公众号编辑后台。通过点击首页右侧的快捷入口"写文章"或进入"内容管理"后点击"写文章"两种方式进入写文章页面（如图2-40）。

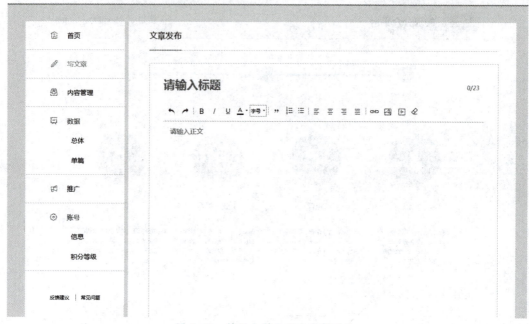

图 2-40　搜狐自媒体发文编辑后台

2.4.3.4 搜狐公众平台内容展现

搜狐公众平台目前重点推广的分类有旅游、健康、母婴、教育、美食、时尚、汽车和科技。这些分类之外的文章均可以出现在mt.sohu.com的自动列表中，也可以通过搜索引擎搜索到相应的文章。

在三端被推广的展现位置：

（1）PC端推广位置

● 搜狐首页各个版块：如旅游分类自媒体被推荐至首页旅游版块，如图2-41（左）。

● 搜狐新闻首页各个版块：如旅游分类自媒体被推荐至搜狐新闻首页旅游版块，如图2-41（右）。

● 各频道页面（如图2-42）：各频道首页、二级列表页。

▶ 旅游

- 喀纳斯美丽神仙湾 冬日香格里拉看雪
- 丽江的原始与文艺 千佛山：绿谷仙境
- 穿行印度塔尔沙漠 带着爱徒步观音山
- 情调十足韩国街拍 普者黑的唯美日出

- 国内 | 实拍世界最大苗寨：千户苗寨 冬季到壶口来看冰
- 出境 | 冬日莫斯科的节日盛典 在温暖南非迎接新年朝阳
- 周边 | 腊八节喝"佛粥"祈福气 乘船游走无锡水弄堂
- 主题 | 气势恢宏云冈石窟 老牛湾：长城与黄河在这握手
- 美国不能错过的六大购物城市 两姐妹花样暹罗17日旅行

- 热点 | 写冬日游记赢大奖！ 小两口KiKiWiWi入驻

搜狐首页各频道推荐版块

旅游   +更多

西西里传奇：米拉佐的浪漫落日
上山的路两边都是一些居民房，墙头上
探头探脑的长出一簇簇的绿色植物…

新疆喀纳斯美丽神仙湾

- 张掖木塔：丝绸之路上的标志 冬日香格里拉看雪
- 普者黑唯美的清晨与黄昏 千佛山：半听烟雨半听禅
- 印度塔尔沙漠观日落奇观 文艺复兴的艺术圣堂
- 蜜月旅行首选地：塞舌尔 美国必去的六大购物城市

商情 | 三国版英雄记 搜狐应用中心

搜狐新闻首页各频道推荐版块

图 2-41 搜狐首页及新闻首页各频道推荐版块

图 2-42 搜狐各频道页面

（2）手机搜狐网推广位置

- 手机搜狐网首页生活版块，如图2-43（左）。
- 手机搜狐网各频道，如图2-43（右）。

腊八节喝"佛粥"　　抽脂减肥术全揭秘

雾霾太严重，需要色彩来点亮

医林演义：嘴馋说明身体缺少营养！

冬日莫斯科 节日前的欢乐海洋

推广丨搜狐全网独家视频直播CBA

豆包，怀念儿时过年的点心

武书连2015中国大学综合实力100强

今日头条

- 新疆喀纳斯美丽神仙湾
- 香格里拉去看雪
- 行走丽江 感受原始与文艺
- 禅声与繁华：带着爱游观音山

图 2-43　手机搜狐网

（3）搜狐新闻客户端推广位置

● 生活频道和各频道，如图2-44（左）。

● 搜狐新闻客户端订阅列表，如图2-44（右）。

图 2-44　搜狐新闻客户端

2.4.3.5 搜狐公众平台的分类和标签

由于公众平台是基于搜狐门户建立的，覆盖了各个行业，故频道内容采取百科式分类，发表文章的时候必须要选择分类，选择正确的频道分类，文章才会出现在目标分类页面上。如图2-45所示，每个分类会对应一个列表页面，根据作者级别的不同，文章可能出现在各频道的分类列表页上或公众平台首页的分类列表页中。

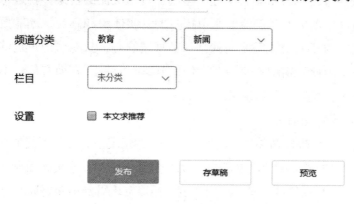

图 2-45　搜狐自媒体平台的分类和标签

2.4.3.6 搜狐公众平台广告管理

搜狐公众平台的广告，目前是以两条文字链的形式展现的（如图2-46），出现在PC端正文页下方，完全由媒体平台用户自行支配。文字链内容必须遵守素材规范，其素材可以是个人的其他账号或合法营销信息，且支持外链，只需要一次性设置，该账号下的所有文章均生效。

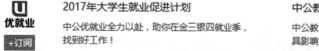

图 2-46　搜狐自媒体平台广告位

2.4.3.7 搜狐公众平台相关术语

（1）整体访问数据：搜狐公众平台作者发布的所有审核通过的文章的PV数，可按照天数或时间段查询，也可查看不同终端的文章访问情况。

（2）PC端：电脑用户访问来源于搜狐网各频道的阅读数据。

（3）移动端：手机用户访问来源于手机搜狐网各频道的阅读数据。

（4）客户端：安装了搜狐新闻APP的用户访问来源于客户端阅读的阅读数据。

（5）文章阅读数：截止到所选日期的所有已发表的文章中按照PV数降序排列的TOP20文章。

（6）广告点击数据：指的是在文章页正文下方设置的两条文字链的点击数据。

2.4.4 搜狐公众平台运营技巧

搜狐公众平台是各行业专业人士发布专业内容的阵地，为了更好地运营搜狐自媒体，可掌握以下技巧。

（1）保持一颗真诚的心

企业、自媒体人通过搜狐公众平台架起了与用户沟通交流的桥梁，拉近了与用户之间的距离，只有通过不断的互动交流，了解用户的真实体验和感受，才能更好地明白用户的需求。而良好的互动交流需要的就是一颗真诚的心，只有对用户足够真诚，才能取得用户的信任，因此，需要在交流过程中做到言行合一，言而有信，不能存在欺骗行为，尊重用户才能得到相应的认可。

（2）坚持持续有效的互动

在拥有了较多粉丝、获得较高关注、粉丝参与评论的情况下，如果不能够和粉丝保持一定频率的互动，一方面会导致粉丝的流失，另一方面也无法使得资讯得到更广泛的传播。因此坚持与粉丝用户持续的互动，一定程度上使得资讯得到更深更远的传播。

（3）确保内容生动立体

如果自媒体内容单调无趣、乏味、重复无吸引力，就会引起用户的反感，也会对企业形象或自媒体人的印象大打折扣，因此在发布内容上也需要做到全面、立体、生动。除了对一般的公司动态、新品推荐、行业动态、产品使用常识等方面进行介绍外，也可以结合一些实时热点方面的内容来满足不同用户的需求，以获得更高的关注度。

本章小结

自媒体意味着一种新的媒介形态，一种新的传播平台，一种新的发展格局。无论是企业还是个人，想要在自媒体的丛林里，走出风格，走出个性，传播品牌，在用户心中占据一席之地，必然要对自媒体传播进行更深入的思考，同时以开放的态度，接近用户、了解用户。本章内容，对自媒体整体情况进行了概述，讲解了运营自媒体需要注意的要点和误区，举例说明了借势营销该怎么做，并且对目前势头相对较猛的两个自媒体平台：今日头条和搜狐公众平台做了详细的介绍。

通过本章，读者已经知道了如何定位自己的自媒体，如何找到最有价值的用户，用什么样的内容、什么样的传播手段、什么样的营销方式，挖掘自媒体营销的价值，赢得用户，赢得品牌。

视频讲解

第3章
微信营销

3.1 认识微信与微信营销

3.1.1 什么是微信与微信营销

微信（WeChat）是腾讯公司于2011年1月21日推出的一个为智能终端提供即时通讯服务的免费应用程序。如图3-1所示，在应用商店可以看到腾讯公司对微信的官方介绍:微信是一个生活方式。它可以发送语音、文字消息、表情、图片、视频。30M流量可以收发上千条语音，省电省流量（只消耗网络流量，不产生短信电话费用）。

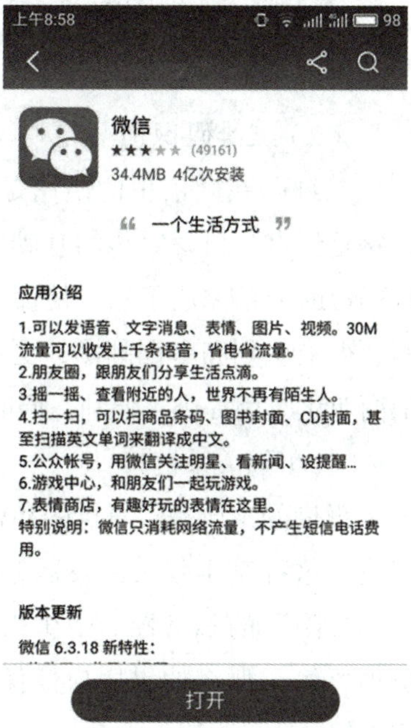

微信营销主要是指企业利用微信公众平台，向用户传递有价值的信息而实现企业品牌价值和产品知名度提升，服务体验优化等方面的网络营销模式。目前，微信营销已经形成了一种主流的线上线下微信互动营销方式。

3.1.2 微信的特点及微信营销的优势

3.1.2.1 微信的特点

（1）信息传递方式多样

微信支持文字、语音、图片、表情的即时传达，还支持视频发送和位置分享。当下流行的表达莫过于红包的即时发送。微信派发红包的形式共有两种：一种是普通等额红包，一对一或者一对多发送；一种是用户设定好总金额以及红包个数之后，可以生成不同金额的红包。每个红包金额在0.01~200元之间随机产生，最大不超过200元。

微信公布了2016年春节期间（除夕到初五）的红包整体数据，仅仅除夕到初五短短6天时间，微信红包总收发次数达321亿次，总计有5.16亿人通过红包与亲朋好友分

图 3-1　微信在应用商店的介绍页

享节日欢乐，相较于羊年春节6天收发32.7亿次，增长了近10倍（如图3-2）。

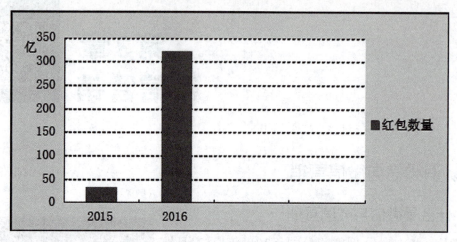

图 3-2　2015 和 2016 春节期间收发红包数量图

（2）二维码识别

二维码在微信里的使用是一项有远见的创举。张小龙说："营销的目的是让用户感觉到爽，口碑宣传的基础是好玩。'爽'是体验，体验比功能更容易传播。"二维码帮助微信完成了这一使命，简单扫一扫，就可以完成添加好友，关注公众号，封面、街景识别和单词翻译，更重要的是可以扫码支付。二维码在支付领域的应用为微信商业化应用提供了便利，同时也使用户支付体验更加流畅。

（3）强关系链接

微信的本质是点对点的私密社交，是以手机通讯录和QQ好友为基础的强关系链接网络。这种基于强关系发展起来的特点，非好友无法查看他人评论等设置都保证了"朋友圈"的私密性。陌生人的言论人们可能不信，但朋友之间的信任使信息传播更加可信，那么如果用户信任一家企业或某一产品为其在朋友圈宣传的话，效果可想而知。

3.1.2.2 微信营销的优势

（1）潜在客户群体巨大，定位精准

微信从诞生之日起，就只做移动互联网方向，而如今7亿多用户都在使用微信，而且大多绑定了QQ和手机号。相比其他新媒体，微信的受众群体除了数量惊人，基于强关系的链接，粉丝质量也更高。另外，微信公众账号的关注用户本身可能对公司产品感兴趣，可以通过后台的用户分组和地域控制，实现精准的消息推送。

（2）成本低

传统媒体成本都非常高，而微信推广成本和试错成本都很低，尤其是在用户关注之后，每次群发推送图文内容，都是通过电脑来进行的，有网络即可。用户需求的把握和公众号的设计，可以根据用户反馈和后台数据及时调整，效果不好的设计和内容能在第一时间修改，修改成本几乎为零。

（3）营销到达率高

只要用户关注了某公众号，那么该公众号每一条消息都会以推送通知的形式发送到用户手机上。订阅号消息通知折叠后出现在微信主界面的订阅号总类里，服务号消息通知则直接在微信主界面显示。二者都能保证信息可以百分百到达订阅者手机上，不容易湮没在用户信息流里面。

（4）用户数据统计分析便捷

数据统计主要依托于微信公众平台所提供的数据统计功能。其中的用户分析模块可以用曲线图直观描述用户数量变化趋势及用户性别、语言、地理分布及所占比例等特征；图文分析模块包含用户接收、图文阅读、分享转发及原文阅读次数等。通过它提供的排序功能，企业还可以了解所推送信息的受欢迎程度；消息分析模块包含消息发送人数、消息发送次数、人均发送次数等。这些数据都可以为企业制定营销计划提供较好的参考。

3.2 打好基础——搭建属于自己的微信公众号

3.2.1 选择适合的公众号类型

目前，微信公众平台有服务号、订阅号、企业号三种公众号类型（如图3-3）。

帐号分类

服务号
给企业和组织提供更强大的业务服务与用户管理能力，帮助企业快速实现全新的公众号服务平台。

订阅号
为媒体和个人提供一种新的信息传播方式，构建与读者之间更好的沟通与管理模式。

企业号
为企业或组织提供移动应用入口，帮助企业建立与员工、上下游供应链及企业应用间的连接。

图 3-3　微信公众号类型

（1）订阅号

订阅号主要用于为用户传达资讯（类似报纸杂志），认证前后都是每天只可以群发一条消息，推送后只能出现在微信界面的订阅总类里，图3-4为优就业订阅号。

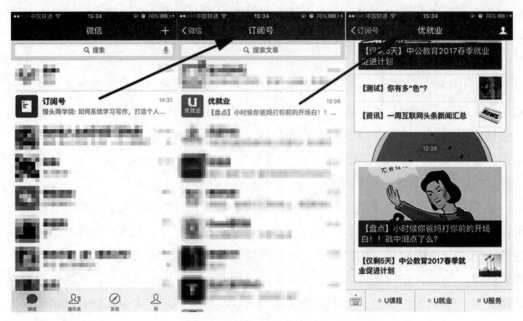

图 3-4　优就业订阅号

（2）服务号

服务号主要用于服务交互，认证前后都是每个月可群发4条消息，可以出现在微信主界面上，更加直观，图3-5为中公教育服务号。

图 3-5　中公教育服务号

（3）企业号

企业号主要用于公司内部通讯使用，需要先有成员的通讯信息验证才可以关注企业号，图3-6为美的企业号。

图 3-6 美的企业号

根据不同类型公众号特点，结合自身特色和需求给出以下几点建议：

- 如果想作为媒体发送消息，达到宣传效果，建议选择订阅号。
- 如果想进行商品销售，建议申请服务号。
- 如果想用来管理内部企业员工、团队，对内使用，可申请企业号。

注意：订阅号无法升级为服务号。

3.2.2 公众号基础架构搭建

（1）自定义菜单设定

公众号可以在会话界面底部设置自定义菜单，菜单项可按需设定，并可为其设置响应动作。目前，自定义菜单最多支持三个底部子菜单，每个子菜单又可以分成最多5个上拉展示菜单（如图3-7）。用户可以通过点击菜单项，收到你设定的响应，如收取消息、跳转链接。

自定义菜单刚开始不一定十分完善，需要根据用户的需求，及时调整。设置一个新的菜单后，需要实际应用验证一段时间，得到效果反馈后进行调整。

图 3-7　自定义菜单设定

（2）内容推送的1+7框架

1+7框架是指推送内容中一个头条，7项不同内容的多图文模式。这是目前微信公众号推送条数的上限。多图文内容是通过公众平台群发消息功能进行编辑和发布（如图3-8）。

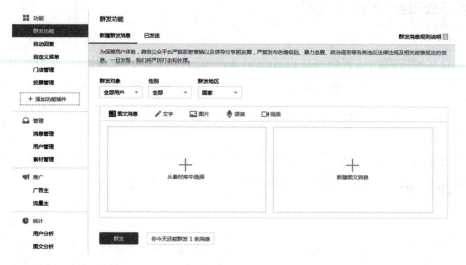

图 3-8　多图文内容编辑界面

需要注意的是并非内容越多越好，因为内容越多，显示在用户手机界面上越不够简洁，同时碎片化的时间要吸引用户阅读那么多内容，并非易事。如图3-9，左边页面编辑了八条内容，但是最多只显示前七条。右边中公教育优就业订阅号界面编辑了三条，而且上一条的头条也有显示，这样做能增加每次推送内容被查看的概率。

图 3-9 不同内容条数下手机效果图

如果企业希望像播报头条似的着重于单一的主题来推送信息，则可以选择"单图文消息"（如图3-10）进行推送，以便客户能将注意力聚焦。这种内容方式的特点是精简而不简单，适合企业在一定时期推出一系列套餐活动。

（3）自动回复设置

推送内容属于主动出击，而自动回复就像24小时智能客服，只要提前编辑过用户回复的关键词，相关回复都能在第一时间送达，大大解放了运营人员工作量，并提升用户满意度。目前自动回复有3种（如图3-11）：被添加自动回复、消息自动回复、关键词自动回复。

图 3-10 杜蕾斯单图文消息

图 3-11 自动回复设置界面

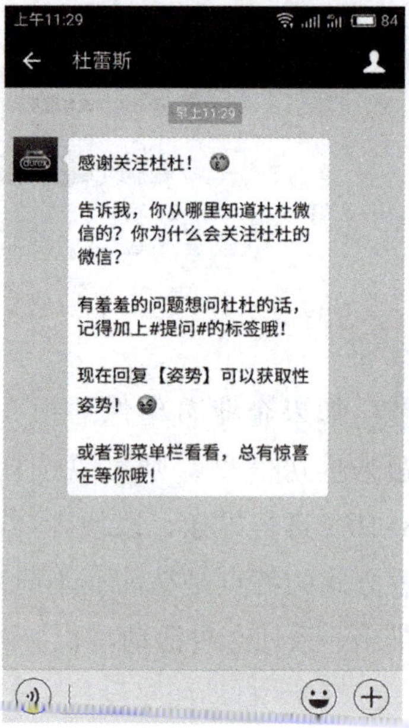

被添加自动回复是用户关注公众号后的第一次互动，因此对于公众号运营至关重要。如果设置不当，这可能就是与用户的最后一次互动了。下面通过几个公众号被添加自动回复的实例进行进一步分析。

图3-12是杜蕾斯公众号的被添加自动回复，除了杜蕾斯一贯的风趣语言之外，该回复还包含了四项内容：

- 用户来源的调查

微信公众号后台自带用户分析数据，但很多用户的来源都显示为"其他"，如果不能知道用户增长的主要途径，就无法把优势渠道加强并减少无效的推广。用这种方式知道用户从哪来，什么渠道是有效的，就能更好地配置资源。

- 内置了提问功能，增加了互动

图 3-12 杜蕾斯的被添加自动回复

大部分公众号都是发布一些内容，让用户去读，缺少互动。如果与用户互动较多，他们会对公众号有更多的认同感，更可能分享转发。

- 提示了关键词回复

每一个公众号都有自己的目标用户群体，可以针对这个群体提供一些功能，比如在杜蕾斯的公众号之中可以回复"姿势"获取各种姿势，这也属于增加互动的一种方式。

- 提醒用户使用菜单栏

在用户添加微信公众号时，如果可以应用较为有趣或者有价值的自定义菜单来提供服务，用户今后可能会更多地使用菜单。

故宫淘宝推送文案的风格较为幽默风趣，一改故宫给人的森严和死气沉沉的形象。各种可爱的恶搞，都让故宫淘宝的微信公众号粉丝数以极快的速度增长。图3-13就是其公众号的添加回复，虽然精简，但是很有趣，受到不少用户喜爱。

"罗辑思维"的被添加自动回复中，以朋友聊天的口吻告诉用户，关注后可以得到什么服务。同时，也引导用户回复关键字来获取内容（如图3-14）。此外，可能有人反馈想通过菜单或者关键词查看历史记录，故他们直接在自动回复之中告诉大家：向前看，不要向后张望。

图 3-13　故宫淘宝的被添加自动回复　　图 3-14　"罗辑思维"的被添加自动回复

关键字自动回复设置规则上限为200条规则（每条规则名，最多可设置60个汉字），每条规则内最多设置10条关键字（每条关键字，最多可设置30个汉字）、5条回复（每条回复，最多可设置300个汉字）。图3-15就是在优就业订阅号回复关键词"新媒体营销"的自动回复效果图。

3.2.3 公众号搭建原则

（1）命名原则

● 具有快速传播的特性

网络最强大的特性就是传播快。方便好记的名字能在短时间内迅速传播至世界各地，所以为微信公众号取名一定具有快速传播的特性。

图 3-15　关键词自动回复效果图

- 具有可搜索的关键词

微信内的搜索功能，能让用户通过搜索关键词找到喜爱的微信公众号，所以为微信公众号或商品取名一定要带特定关键词，如商品名、企业名等。

- 具有限定地域性特点

如果有多家分公司且都有自己的公众平台，又或者只做某一地域生意，可以在名称中加上地方名，如：中国移动北京分公司、上海舞蹈基地等。这样有助于让目标顾客关注。

（2）标题原则

用户因为标题点击一篇文章，一般有以下几个原因：

- 勾起了用户的好奇心，用户想知道究竟。
- 看了标题觉得内容有价值，对自己有帮助。
- 有福利优惠，比如一些活动提供奖品。

所以，选取标题时，可以根据以上三点，采用疑问、夸张等形式。

（3）内容原则

- 相关性

企业的公众号平台所发布的内容，必须是与公司产品、品牌或者行业有关，比如要传递企业文化、价值观、最新产品及活动信息等，以便让用户获知自己需要的信息。

- 原创性

内容最好原创，避免俗套的推送内容才不容易被用户遗忘，也可以适当转发他人的优秀文章。形式上，可以用精心设计的图文、语音、视频、表情、链接等载体来提高新颖性。

- 价值性

内容要能够让用户接收到有价值的信息。例如，企业向用户传播所在领域内专业性知识，政府向用户提供最新的办事流程，餐馆向用户提供最新菜单信息等。

- 正向

内容要积极正向，具有正能量，符合大众的审美和价值判断。内容写得再好，如果无法向用户传递正能量，而是传递消极的思想，那么就可能被禁止和封杀。

3.2.4 公众号基础操作

微信公众平台目前包括功能、管理、推广、统计、设置、开发六项基本功能，如图3-16所示。

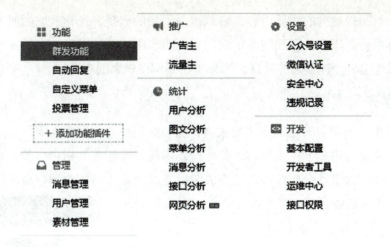

图 3-16　微信公众平台基本功能图

3.3 妙笔生花——创作极品推送内容

3.3.1 内容来自哪里

微信公众号建立之后，重点就是编辑推送内容，以图文形式为主。一般来说，内容有四大来源：

（1）新媒体团队创作

主要负责头条和功能性内容的创作，成员经常沟通，有利于激发灵感。当然，团队也可以根据企业品牌特点和产品周期，定期或不定期发布品牌故事、培训内容、行业知识、新产品发布信息等。

（2）发掘"买家秀"

当企业在销售、宣传等活动中让用户体验到优质的服务，抑或帮助其实现自我成长，那用户也会愿意为之宣传。因此，鼓励这些用户用图文等形式记录体验和感受，无疑是最富有感染力的内容来源，将这些内容发布到公众平台，相信会收获更多的"真爱粉"。

（3）征稿和向专业写手约稿

征稿是传统媒体常用的获取内容的方式，其成本相对较低，但效果一般。专业写手的文章质量较高，其平时积累了大量粉丝，有一定的"名人效应"，使得其推送文章的效果有一定保障，故这也成了许多公众平台较为稳定的获取内容来源之一。

（4）资源整合

优质的内容更容易受到大家认可，并被快速复制传播。而由于各平台定位和受众习惯的不同，许多优质内容并没有在第一时间得到有效的、全方位传播。那么，对于那些在第一时间接触到的优质内容，转载也是不错的选择，在转载的同时要标明作者和出处，尊重他人版权。互联网海量的信息衍生出用户新的需求，那就是筛选信息。如果能持续地输出经过筛选的信息，那么将受到用户极大的欢迎。

3.3.2 内容去向哪里

在实际中，阅读量转化率高才是关键，所以更要关心内容去向哪里。当用户阅读完内容后，要预设用户下一步动作，简化操作障碍，才能提升用户体验，提高阅读后的转化率。微信除了社交属性外，已经成为巨大的流量入口。为用户展示更多详情，轻松地实现场景切换，这无疑为流量的输出找到了方向。

（1）"阅读原文"的利用

图文推送内容是微信里阅读量最大的引流渠道，通过点击图文内容底部"阅读原文"，能够引导用户自动跳转到预先设定的网页链接（如图3-17）。目前，网页链接可以支持企业官方网站、企业其他平台（如论坛、微博等）、用户调查、查询下单等，基本可以实现在PC端的所有操作。

点击**阅读原文**前往锤子科技官网商城购买。

阅读原文　阅读 18497　👍131　　　　投诉

图 3-17　"阅读原文"跳转

（2）二次开发

如果只使用微信后台的功能可能过于简单、单一，难以满足企业需求。那么，企业可以考虑联系第三方公司为用户提供多样化服务体验。通过二次开发和功能植入可以在平台上实现小游戏、语音搜索、查询会员信息和权益等功能。图3-18是中国移动山西10086公众号通过二次开发实现转盘游戏和会员卡功能的效果图。

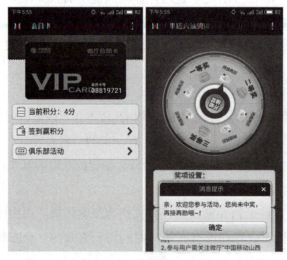

图 3-18　会员卡和转盘游戏效果图

（3）O2O模式

通过微信的LBS定位功能，企业可以将产品及优惠信息推送给附近的用户，用户对相关信息感兴趣可以查询最近的门店，去最近的实体店体验或消费。微信支付的普及使得线上浏览，线下进行体验消费更为便捷。另外，电子会员制让企业管理系统与微信电子会员实现了很好地结合。

以餐饮企业为例，这些企业大多服务于周边人群，同时微信内又有"附近的人"这样的功能，因此在这个功能里的每一位用户都是目标人群。为了吸引这些人群，商家可以在附近的人内宣传自己的服务，例如免费送餐、微信订餐等服务。

海底捞火锅是国内较大的一家火锅连锁店，由于平日生意非常火，每位到店的顾客都要排队很久才能就餐，故不太合适想要在该店洽谈生意、约会朋友的顾客。但有了微信公众平台后，只要关注海底捞火锅就能实现微信订餐、排号、送餐服务，让顾客不再有排队的困扰（如图3-19）。当粉丝习惯微信订餐后，既实现了自助化服务，还可以帮助企业节省人力成本。

图 3-19　海底捞微信公众号

（4）用户反馈

在微信公众平台可以添加投票管理，用于统计用户对于调查问题的答案（如图3-20）。真实有效的统计结果不仅可以体现上一阶段的营销成果，企业还可以从数据中挖掘用户习惯和规律。当然，也可以通过互动式的评论来培养用户黏性习惯。

ℹ 投票设置后，必须插入图文消息中才可生效。投票将统计该投票在各个渠道的综合结果总和，包括群发消息，自动回复，自定义菜单等。

自动回复	
自定义菜单	
门店管理	
投票管理	
➕ 添加功能插件	

🗄 管理
消息管理
用户管理
素材管理

📢 推广
广告主
流量主

📊 统计
用户分析
图文分析
菜单分析
消息分析
接口分析
网页分析

投票名称 [　　　　　　　] 0/35
投票名称只用于管理，不显示在下发的投票内容中

截止时间 [2016-08-07 🗓] [00 ▼] 时 [00 ▼] 分

投票权限 所有人都可参与

上传图片的最佳尺寸：300像素*300像素，其他尺寸会影响页面效果，格式png，jpeg，jpg，gif. 大小不超过1M

问题一　　　　　　　　　　　　　　　　　　　　　　　收起

标题 [　　　　　　　　　] 0/35

◉ 单选　◯ 多选

选项一 [　　　　　　] 0/35 [上传图片]

选项二 [　　　　　　] 0/35 [上传图片]

选项三 [　　　　　　] 0/35 [上传图片] 删除选项

添加选项

图 3-20　微信公众号投票管理设置

3.3.3 内容提升方式

（1）借助热点事件

热点就是当下大众最关注的热门事件和流行话题。热点事件营销的方式具有以下特点：受众面广、突发性强；在短时间内能使信息达到最大、最优传播的效果；为企业节约大量的宣传成本。近年来成为国内外越来越流行的一种公关传播与市场推广手段。

大众关注的热点都有一定时效性，与热点事件相关的文章热度持续时间很短暂，只有快速捕捉热点，才能保证读者的新鲜感。很多热点生命周期甚至只有一两天，所以新媒体运营者应该在第一时间捕捉热点，进行创作。只有这样，读者才会吃到"热乎的饭菜"，认为你的内容新鲜感十足。下面，结合实例来讲解如何借助热点事件营销。

● 案例一

电影《港囧》上线后，公映首日票房突破2亿，咪蒙很快写了一篇题为《〈港囧〉：斗小三的正确方式是，你要有很多很多的钱》的文章（如图3-21）。当时一般

《港囧》：斗小三的正确方式是，你要有很多很多的钱
2015-09-28 咪蒙

"我觉得《港囧》才是女权啊，包养男人的时代来到了，是时候用钱证明自己的魅力了。"

从前，有个傻乎乎的女生叫赵薇，倒追一个学画画的男人叫徐峥。徐峥被一朵高冷的女子杜鹃抛弃了，转而跟赵薇在一起，进入了赵薇家的家族企业，卖胸罩。

徐峥在胸罩界越混如鱼得水，就越愈想

图 3-21　咪蒙公众号文章

的公号都是讲《港囧》好不好笑，讲里面的粤语老歌，讲包贝尔的角色让人尴尬，但是咪蒙是站在赵薇饰演的角色的立场，讲了一般人看不到的部分，讲了令人唏嘘的现实。这一篇文章阅读量很快就冲到了10万+。当时她的公众号才开了十几天，粉丝也才几万。每一个热点事件出来，大家都会去写，但是要想写出新意，就需要多思考切入的角度。

●案例二

2016年2月，中韩首次同步上线的《太阳的后裔》受到了广大网友的喜爱。该剧百度搜索指数长期位居搜索榜前列，各大公众号对于该剧的话题传播也持续升温，如美团、广发银行等公众号文章阅读量都在10万以上（如图3-22、图3-23）。高阅读量不仅表明赢得了该剧粉丝的认同，增加了用户黏性，还使得品牌得到快速曝光。

图 3-22　美团公众号文章　　图 3-23　广发银行公众号文章

（2）增加趣味性

具有娱乐性、幽默性的内容很容易实现低成本的传播，因为趣味性在用户心中的权重可能超过其他方面的需求。有趣的内容能够带给用户快乐和愉悦，也有利于分享和传播。灵动的文字、幽默的图片等都是提升趣味性的武器。

●案例三

电商类公众号"故宫淘宝"聘请了一波"奇葩"的设计师和文案，创作了大量经典微信公众号文章，这些文章都将历史和现实产品结合起来，以一种简单搞笑的风格呈现在大家面前，深受年轻人的喜爱，在朋友圈被疯狂转发，带动了线下产品销售量。图3-24就是"故宫淘宝"的配图，它每篇文章都是广告，但浏览量都在10万以上。

图 3-24 "故宫淘宝"的配图

● 案例四

冷兔是一个分享幽默搞笑内容的公众号，它的文章几乎每一篇阅读量都在10万以上，且都能吸引读者去点击阅读原文。冷兔内容做得十分用心，灵动的语言常搭配着贴切的配图（如图3-25），人们都会一下子被戳中笑点，这就是提升阅读量的一大武器。在一天快节奏的学习、工作后，大家都会在闲暇时间放松一下，而冷兔就精准地把握了用户对趣味性内容的需求。

虽然他们很有礼貌打招呼，但是你们别靠太近

图 3-25 冷兔公众号文章

在轻阅读时代，无论产品多么好，只要是以一种枯燥、晦涩的语言在叙述，用户都不大会"买账"。如果新媒体运营者用灵性的表达方式传递给用户，让用户感觉有趣，那么他们才会持续关注公众号发送的内容，进而分享到朋友圈。

（3）附加价值

内容的附加价值决定了用户会不会长久地留在一个平台，比如用户看到这些内容可以获得新知识，或者扩展视野，乃至精神上的激励。运营者可以发挥自身优势，从读者角度出发，为其提供其他公众号不容易获得的有附加价值的内容，比如行业知识等。

● 案例五

丁香医生公众平台是一个健康科普类账号（如图3-26）。每天都有专业医生编写科普知识，帮助人们对症下药，做一些疾病问答等。在丁香医生公众号，读者可以便捷地查疾病、查药品、查医院，还可以获得健康知识，它无形中也成了一些读者身边值得信赖的家庭医生。丁香医生的附加价值，让读者认为值得花时间关注。

图 3-26　丁香医生公众号

（4）制造事件

企业除了利用热点事件外，还可以自己制造事件和热门话题来引爆朋友圈。互联网世界里，企业进行自我炒作要符号受众的心理和口味。当事件在短时间迅速聚集起千百万用户，变成网友心中的焦点，口中的谈资，企业品牌一定会受到公众关注。

● 案例六

2016年7月8日，新世相策划了一次"逃离北上广"的现象级营销事件。这是新世相和航班管家合作的一次活动，大意是"作自己的主，4小时后逃离北上广，现在赶紧来机场吧"（如图3-27）。这篇文章引起了朋友圈的疯狂转发，各个微信群也进行了热烈讨论。

数据显示，新世相公众号发布介绍该活动的文章后，短短1.5个小时，该文章就获得10万+的阅读量，还带来了10万的涨粉。截至2016年7月8日下午五点，该文章达到了116万人次的阅读量，传播范围及影响力惊人。这次活动的策划点在于：让读者瞬间决定，只需要付出一部分成本（活动方买机票，自己则付出时间），目标精准定位于在北上广工作和学习的白领和学生，而30张机票则对应国内30个不同的旅行目的地。整篇文章情怀至上，直击一线城市打拼的用户痛点。

图 3-27　新世相公众号文章

除了新世相，航班管家和一直播这两个合作伙伴，一个能提供航班机票，一个能对接火爆直播红利平台，三者合作效益能达到最大化。

尽管"逃离北上广"事件营销活动主战场在微信，却也经过足够的预热。比如，新世相在7月7日当晚推送一篇内容摘要为"明早8点，我带你马上离开"的文章，获得超8万阅读量。

任何一个成功的事件营销案例，都具备超强互动性，且互动规则越简单明了越容易吸引用户。此次，"逃离北上广"事件营销的规则十分简单，直接指明活动时间、用户参与活动方式以及明确指令"马上行动"（如图3-28），这些都是影响事件营销案例成功的因素。

图 3-28　"逃离北上广"活动规则

3.4 雕梁画栋——打造最舒适的阅读体验

3.4.1 具备设计师思维

新媒体运营者也许没有设计师的技能，但可以学习设计师的思维。设计思维本质上是以人为中心的创新过程，强调观察、协作、快速学习、想法视觉化、快速概念原型化，并行商业分析，是一种有助于发现未被满足的需求和机会，并创造新的解决方案的方法。

一篇好文章的排版，首先，要有舒服而美观的视觉感受；其次，排版要简单，信息精练。一般需要掌握以下几点：行与行、段与段之间有合适空间；文字、图片大小合适、搭配合理；每一个小段最好有一个小标题等。运营者可根据微信后台的相关数据分析用户偏好，清楚用户喜欢的排版风格，才能有的放矢，边运营边改进。图3-29是两种不同排版风格，可见右侧的排版更能吸引人阅读。

图 3-29 不同排版风格图

另外，文章中好的配图能带来大量的关注和阅读量，在这里配图分为文章封面配图和文章正文中的配图两种，文章封面配图好坏决定粉丝是否会点开这篇文章，文章正文配图的好坏会影响粉丝是否会看完和转发文章。配图要注意以下几点：要和文章主题和文字贴切；封面配图要吸引眼球；图片能通俗表达文字内容，比如漫画。

3.4.2 细节设计技巧

（1）关注提示图设计

用户打开微信推送文章，页面上方和末尾都会看到不同风格的关注提示图（如图3-30），因此，运营者可以自己设计一个唯一的关注提示图。尺寸大小要控制在阅读可视范围内，但不能太大，影响阅读正义。

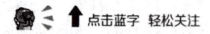

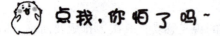

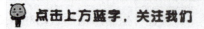

图 3-30 关注提示图

（2）节日特制设计

针对特殊的节日或情景，可以特制与内容相关的设计。可通过连续的内容图片或者菜单组合营造节日或活动气氛，给人耳目一新的感觉。如图3-31所示，是某移动公司优惠活动的微信小图组合。这样的设计虽简单，但能迅速吸引用户眼球，营造出氛围。当然，在不同节日，设计上可以多花心思。

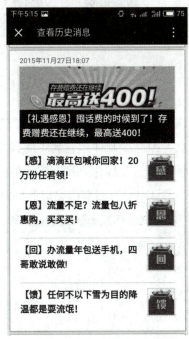

图 3-31　微信小图组合

（3）专属标识

二维码不仅广泛应用于微信公众号，其他场景应用也很普遍，俨然成了一种身份的标识。粗略一看，二维码这黑黑白白的方框太过简略，可利用编辑工具进行优化，目前使用比较多的初步编辑工具有草料二维码生成器等，图3-32是使用工具初步美化后的二维码。如果想设计一个更有创意的二维码，就必须用更专业的图片处理工具来制作，图3-33就是更具创意的二维码示例。

图 3-32　二维码的初步优化图

图 3-33　创意二维码

3.4.3 借力第三方平台

　　微信公众平台本身的图文编辑器比较简单，在微信营销竞争火热的今天，可能难以满足用户多样化的感官需求。因此新媒体运营者不妨借力于第三方平台，一款好用的微信编辑器有助于实现排版风格的多样化。目前实用的微信编辑器有秀米、易点微信编辑器、135微信编辑器等。图3-34是135微信编辑器界面图。

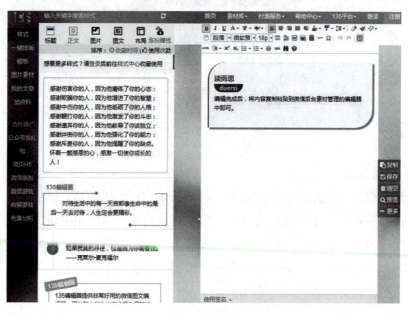

图 3-34　135 微信编辑器界面图

3.5 广而告之——推广自己的公众平台

3.5.1 其他平台植入

　　为了提高公众号曝光率，新媒体运营者可以在活跃度高的自媒体平台申请账号，比如空间、今日头条、一点资讯、搜狐自媒体等。通常，企业会在文章底部适当推广公众号（如图3-35），或者贴上公众号的二维码，这样推广效果会更胜一筹。如果企业有自己的影响力较大的微博、博客平台，也可通过这些渠道进行引流，图3-36是中公教育微博福利分享图，可利用点击"网页链接"引流到微信公众号文章上。

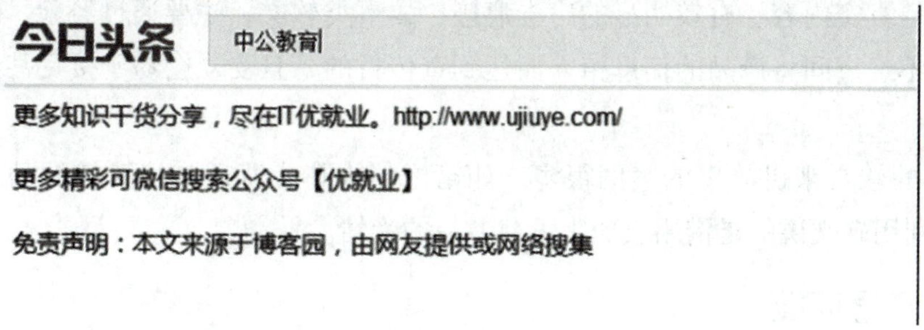

图 3-35　今日头条文章底部

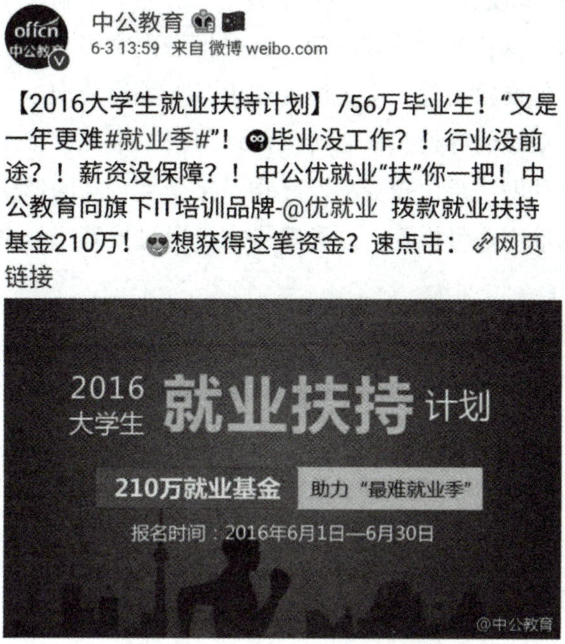

图 3-36　中公教育微博福利分享图

在一些论坛、贴吧、分类信息网进行推广也是一种常用方法，新媒体运营者可利用百度旗下权重较高的平台，如百度文库、百度知道、百度百科、百度贴吧进行必要的推广。但推广时不要有太明显的广告痕迹，避免引起用户反感，要始终以解决用户的实际问题或分享经验为出发点。免费的资源分享可以聚集人气，能够给用户带来帮助，用户才愿意去关注。

3.5.2　软文推广

从选择性心理学上讲，一般来说，人们习惯于接收那些与自己固有观点一致或自己需要关心的信息，而排斥那些与自己固有观点相抵触或自己不感兴趣的信息。

软文之所以叫作软文，精妙之处就在于一个"软"字，不会像硬性广告那样让用户反感。常见的软文有两类：新闻资讯类的软文，主要介绍公司品牌和服务，以及产品的特点等真实内容，有较明显的广告痕迹；故事类软文，主要通过经验、故事吸引受众，在不经意间将产品的信息植入而达到宣传目的，且受众会易于接受甚至乐于分享和传播。

用好的软文来讲故事的案例很多。如褚橙的火热，背后是褚时健的励志故事。Rose only利用软文讲的是借用玫瑰来承载专一的爱情。

3.5.3 公众号互推

公众号互推可以让自己的公众号短期内大量曝光，快速增加粉丝。互推的公众号用户要有相似性，但是彼此没有竞争。这样的公众号互推带来的粉丝才够精准，有价值。

公众号互推一般有这样三种形式。第一，在推送内容中直接推送对方账号及相关信息（如图3-37），但要给粉丝一个关注的理由，如关注公众号有什么福利赠品，最基本的是要把关注公众号的好处和核心价值体现出来。第二，推送对方账号的优质内容，并注明来源。这种做法是比较受粉丝喜欢，接受度较高的形式，核心在于内容优质。第三，分类信息推广账号推荐。这类账号本身通过推荐账号来吸粉，通过这类账号导流也有不错效果。

图 3-37　公众号推送展示图

3.5.4 活动策划

线下的营销活动是推广公众号时不可或缺的方式。企业会引导潜在用户参与到活动中，并关注公众号。这类活动一般有现场游戏抽奖、送优惠券、赠送礼品等形式。企业在策划营销活动时，要根据企业具体情况制定不同的营销方案。

- 活动回报率要高

每天举行着各种铺天盖地的营销活动，其唯有让参与者受益，才能使活动从中脱颖而出。因为只有活动的回报率高、福利优厚，用户的积极性才能被调动起来。同时还要注意在预算内提升中奖概率。奖项并非越大越好，中奖的人数少，打击了众多参与者的积极性，活动营销效果就会打折。因此在大奖有保障的基础上，可以尽量多设一些小奖，尽可能让更多的人拿到礼品。另外，奖品福利的设置要有特色、吸引力，根据企业的产品或服务特色，让用户感到物超所值，才会更愿意为活动宣传，从而吸引更多的人参与。

- 操作要简单

人们都不愿意参加流程很复杂的活动，本质上，这是用户体验的问题。当然规则简单与否有时候与营销目的多少也息息相关，在做营销活动设计时目的要尽可能简单明确，如果在一个营销活动中融入多个营销目的，而且每个目的都会增加用户的操作，最后用户反而觉得体验不好难度太大而放弃参与。

比如一个抽奖活动，先让用户关注微信获得活动链接，然后点击登录，输入手机号码获得登录码，再凭登录码登录指定网站来抽奖。其中用户要经过好几个步骤才能完成，让这个活动流程变得相对复杂。另外微信朋友圈先转发再截图才能兑奖，都会很复杂。在微博上有奖转发都比较火，就是因为操作简单，随手转发即可。

- 趣味性要强

活动的趣味性越强越好，只有活动好玩有趣，参与的人才会多，活动的气氛才能营造起来。如果活动足够有趣，甚至在没有奖品的情况下，大家也会积极参与进来。因此有趣好玩的设计才能让用户情不自禁地参加。

微信照片打印机是一款帮助商家吸引粉丝的线下互动工具，消费者可以在线下扫描微信打印机屏幕上的二维码，成为商家微信公众平台的粉丝，然后将自己想要打印的照片发送到商家的公众平台上，打印机就会自动打印出照片。产品的较大价值在于可以帮助商家在线下迅速积累粉丝，与目标消费者建立联系，特别是在商家做线下活动及促销时，有取得非常好的吸引粉丝的效果并提升现场人气。

微信中有一个强大的工具，那就是Wi-Fi。在商场、景区、酒店、医院等区域覆盖企业的无线网络，让每一个路过的人都可以成为企业公众号的粉丝。这不仅可以增加公众号的粉丝数，对企业品牌和口碑的宣传也有积极成效。

●数据分析与反馈

营销活动再完美也需要用户实际的反馈数据来衡量成效。比如公众号增加了多少关注者，带来多少流量，销售多少产品等。如果反馈不容易用这些量化的KPI指标来统计分析，那么营销活动效果就无法持续地优化调整。有些时候销量并不一定是营销活动的单一目的，提升用户对产品和企业的认识度和关注度也是活动目的。比如发布一条新产品推荐的优惠活动，产品销售数量是容易跟踪的，但是它不应该成为这个活动单一的反馈指标，而流量或者关注度也是。

3.5.5 微信广点通

广点通是由腾讯公司推出的效果广告系统。它是国内领先的效果广告营销平台，依托于腾讯的流量资源，给广告主提供跨平台、跨终端的网络推广方案，并利用腾讯大数据处理算法实现成本可控、效益可观、智能投放的互联网效果广告平台。

微信广点通是从广点通中划分出来的广告平台，运营者可以根据企业定位和需求申请开通流量主服务和广告主服务。

运营者通过广告主功能可向不同性别、年龄、地区的微信用户精准推广自己的服务，获得潜在用户。微信认证的公众号可在公众平台的推广功能中申请开通投放服务，成为广告主（如图3-38）。

图 3-38　广告主申请图

申请成为广告主后，就可以根据投放需求和预算进行推广。广告位置位于公众号正文的底部，形式包括文字链、纯图片、图文混合、关注卡片、下载卡片等。图3-39是常见的落地推广页效果图。

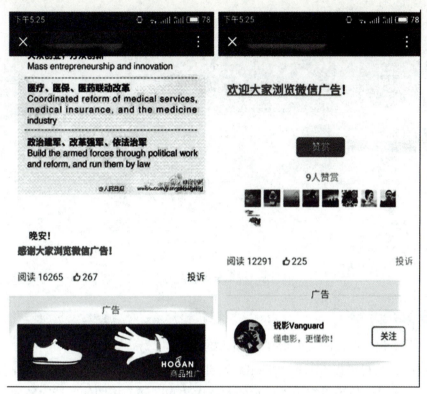

图 3-39　落地推广页效果图

3.6 更上层楼——分析数据提升自我

现在各类微信公众平台随处可见，对于自身公众的把握与掌控，有利于增强竞争力，因此，可利用大数据进行分析，充分了解自己公众号的现状、优缺点等，能更加快捷高效地找到自己公众号的改善方向。

在微信公众平台的统计功能中，统计内容有用户分析、图文分析、菜单分析、消息分析和接口分析。

3.6.1 用户统计分析

用户分析（如图3-40）从用户增长和用户属性两方面入手，数据根据前一天数据来计算。用户属性包含：性别、语言、省份、城市终端机型。

通过一天内、一周内、一月内用户数量变化，可以很好地了解公众账号运营状态和用户情况，并制定相应的营销计划。例如根据用户在不同省份、城市分布情况，开展线下活动等。

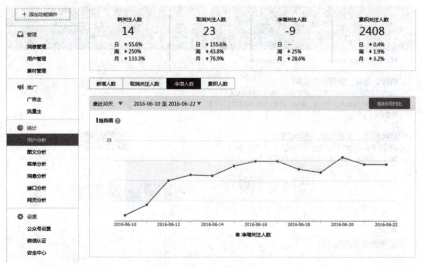

图 3-40　用户分析界面

3.6.2 图文统计分析

图文分析包括单篇图文分析和全部图文分析。

单篇图文分析可以查看图文发出后7天内的数据，全部图文分析可以查看所选时间内数据，不过微信手机客户端展示的阅读次数和图文分析图的阅读次数的计算方法略有不同，因此两者数值也可能不一样。

订阅号"优就业"单篇图文阅读来源分布如图3-41所示，全部图文趋势图如图3-42所示。

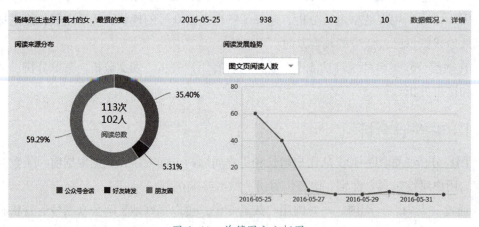

图 3-41　单篇图文分析图

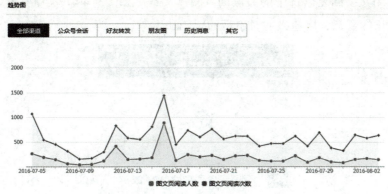

图 3-42　全部图文趋势图

3.6.3 菜单点击分析

菜单分析包括菜单点击次数、菜单点击人数、人均点击次数。自定义菜单的一级菜单和相应子菜单数据都可以查看并以表格形式导出。菜单点击次数的统计图只包含前五名（如图2-43），所有数据可在页面下方统计表中查看。

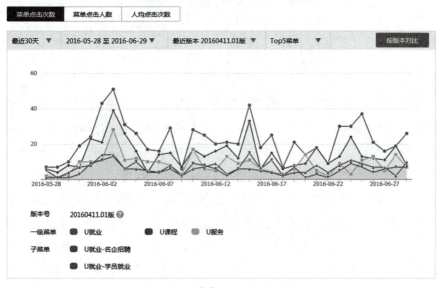

图 3-43　菜单点击次数统计图

3.7 微信营销经典案例解析

3.7.1 案例 1（罗辑思维：形式新颖）

2012年12月21日，"罗辑思维"微信公众号开通运营，至今已有超过600万的粉丝。账号每天推送一段罗振宇本人的60秒语音，分享其生活感悟，同时推送一篇他推荐的文章，用文字回复语音中的关键词可阅读文章（如图3-44）。"罗辑思维"公众号以伴随成长的姿态，启迪人们对生活的感知和思考。

图 3-44 "罗辑思维"关键字回复效果图

语音素材在"罗辑思维"的运营中用得恰到好处。"罗辑思维"每天一条语音推送，这成为很多粉丝每日早起的必读课。日常微信公众号在运营的时候，主要以推送图文为主，往往忽略了语音这个工具。如果恰到好处地推送一些个性化的语音素材，如粉丝留言、现场录音、编辑感言等，会收到不一样的效果。

罗振宇在一次演讲中说："我每天早上发微信的语音都坚持60秒，为了做到形式上的统一化，我每天比别的发语音自媒体的人大概要多录好几倍，每次录十多次才能录成，这是一种死磕精神。选择早上6点半发有两个原因：第一个，我要抢上全国人民上厕所的时间，我希望争取到第一个你开始需要阅读，需要内容的时间；第二个，绝大部分媒体记者做不到像我这样连续一年，每天早上6点钟起床，这是极苦的事情，这种死磕就是为了唤醒尊重。"

另外，"罗辑思维"对于受众定位非常精准，其服务对象是具有强烈求知欲望的"爱智求真"的朋友。节目受众的男女比例分别为84.6%和15.4%，以男性为主，22～39岁的人占多数，大专及以上学历的受众居多，职业多为白领和学生。他们整体知识水平和文化素养较高，比较倾向于观点独特、理性分析、具有深度的知识型节目。

"罗辑思维"作为一档读书节目,其内容具有较高识别性、信息量大、趣味性与知识性并重、观点性与逻辑性强等特点。每一期内容主题之间并不存在直接的必然联系,内容的选择具有一定的发散性,而真正让"罗辑思维"取胜的法宝在于问题的切入角度新颖独特,发人深省。这无疑说明读书节目如果解说有角度,有力度,用互联网人喜欢的语言和方式呈现更容易成功。

3.7.2 案例2(PAPI酱:内容取胜)

2015年9月,papi酱开通微信公众号。10月,其开始在网上上传原创短视频。2016年2月份凭借变音器发布原创短视频内容而走红,被称为"2016年第一网红"。2016年4月21日,papi酱的第一次广告进行拍卖,最终以2200万天价卖出。

papi酱的微信公众号(如图3-45)每次推送内容主要以短视频为主,图文为辅。papi酱之所以能够快速走红,一方面是抓住了短视频内容爆发的风口;一方面是在内容打造上充分结合了其影视专业的知识,选题设计十分出众,从生活到娱乐到两性关系都有覆盖涉及,以极其接地气的草根气质叙事,同时结合时事热点,在几分钟的短视频内包含诸多贴近年轻用户的槽点,更直接地满足年轻群体对娱乐视频的需求,因而也就在当下"有趣"内容并不多见的内容环境生态中顺利脱颖而出。

图3-45 papi酱公众号界面图

papi酱的内容主题的选择大多是80、90后人群生活、职场中,自己和身边的人亲历过,或者未来可能发生的事情,所以关注点和认同感都很高,批判性强,适合传播。如日本马桶盖、男女关系吐槽、烂片点评等，从生活到娱乐到两性关系都有涉及，而女性话题和娱乐圈八卦话题引发了极大的关注，为papi酱后续的内容选题奠定了坚实的基础。很多人在做内容也是经过多种尝试才最终找到适合自己风格跟用户群口味的内容主题，所以作为新媒体运营者应尽可能通过不断尝试找到适合的内容定位。

3.7.3 案例3（滴滴红包：平台化合作）

早在2014年，滴滴打车用户就已经突破了1.5亿人，每天交易量最高已经达到了1000多万。尽管没有红包的数据，但也应该在百万级别。一个红包都是10~15个人分享，发出去之后，可能就会有10多个人点击。滴滴不仅可以增加收入，而且改变了红包千篇一律的界面。

如果能够和滴滴合作，发出50万个此类红包，就可能带来500万的点击流量。这还不包括在群组里面，还有大量的看到而没有抢红包，或者没有抢到红包的用户。也就是说50万个红包，可能带来超过500万的点击流量，数千万的曝光率，这里还没有算朋友圈的曝光率。

滴滴红包，作为"高频次需求"逐渐成为推广"活动优惠"的一般等价物。不同行业的商家给客户什么都不一定有效，在部分企业无法精确地定位目标客户的情况下，给滴滴红包券，多数的用户都乐于接受（如图3-46）。这也是滴滴红包能成为运营商、企业、快消品、电影、甚至明星的广告载体（如图3-47）。这种高效推广，使滴滴塑造了自己这种平台化合作地位。

图 3-46 滴滴红包合作推广图

图 3-47 滴滴红包图

在广告的精准投放上，滴滴红包毫不逊色。首先，滴滴红包很多是在微信群中分享的，属于"强关系"社群；其次，滴滴红包可以从中获得更加准确的地理位置数据，其来源于实际的线下打车交易，可以只在某个区交易才产生红包，这也能解释为什么大量的本地合作伙伴开始和滴滴合作；最后，滴滴有非常精确的支付数据，能知道谁经常打车，经常去什么地方，几点钟打车。而且在大数据挖掘这块，目前滴滴与腾讯的合作，无论是支付、地图、红包数据等方面，滴滴都可以享受到大量的微信数据支持。

本章小结

　　微信营销并不是简单地申请公众号每天发布内容就可以了。它是一门值得研究的学问，里面的世界很大。目前，无论大小企业都纷纷投身到微信营销大潮，希望借助这股热潮实现更大的盈利。做好微信营销，从平台搭建到运营推广再到后期的统计分析都需要长期实战积累，不断从优秀案例中汲取经验。微信这个平台作为腾讯公司具有代表性的产品，以后会更加深化开放，当前众多企业已经在微信营销中收获了广大忠实用户和品牌效益。微信营销已是大势所趋，未来几年将逐渐成为企业营销的主流，其未来前景以及价值不可估量。

视频讲解

第4章
社群营销

4.1 社群的构成和价值

4.1.1 什么是社群

社群，简单来说就是一群人的集合，它是拥有共同认同（共同兴趣爱好，共同价值观等）的人聚集在一起进行协作的群体，是移动互联网和新媒体进化的产物，但并不是具有了某种共同属性的群体就是社群。举例来说，同一个航班的乘客、吃货等群体概念就不是社群。

为了更好地了解社区、社群和社交三个概念，可通过一张表格（表4-1）来进行区别。

表4-1　社区、社群和社交的区别

	社区	社群	社交
本质	内容	价值观	关系
运营	管理者	自运行	个人
情感	参与感	归属感	存在感
关系	弱	较强	强
维系	兴趣	信用	人品
特点	去中心化	精神领袖	/

在PC互联网时代大家更为熟悉的是社区，比如天涯论坛、豆瓣小组、百度贴吧等，它们是社区而不是社群。与社群相比，社区存在空间属性，一个社区包含了许多不同的兴趣小组，这些小组有可能发展成为社群。如某产品的社区十分活跃，同在一个社区的人偶尔互动或见面，但并没有形成深度的互动关系，要想加强联系，就需要获取对方的微信、QQ账号等联系方式，这种深度连接显然已经超出了社区的功能范畴。在PC时代，由于在线时间受到多种条件的制约，沟通交流不够及时，连接关系并不强。

然而在移动互联网时代，移动终端就是我们身体的一部分，是肢体和思想的延伸，并且可以时时在线。移动互联网的这个特性，为建立参与度高、互动性好的强关系社群创造了条件。如微信这样的移动社交软件为即时联系提供了便捷途径，使得社群成员间的互动、沟通更加容易。

需要注意的是，社群的连接是一种强关系的连接，但它与社交网络的强关系连接有所不同。在社交网络中，多数人希望通过别人的认同（点赞、评论等）获得存在感。每天都有上亿人在社交网络中发布自己的生活动态，他们在哪儿，都干了些什么事情，然后期待别人对自己所发布的状态做出回应，在这种互动中找寻快乐与存在感。社交网络的信息结构以个人视角为主，有强烈的个人主义色彩，突出个人与他人的不同，内容和信息则是作为人的附属物而存在。

社群的信息结构是以群体视角为主的，但也会有展现个性、突出个体的识别度，然而无论如何这些行为都是在群体意志指导之下进行的，社群更多强调的是群体成员间的相同属性，因为社群在本质上是为了让社群成员获得归属感，让他们找到"家"的感觉。

社群的类型多种多样，常见的社群类型有以下三种：

（1）围绕精神领袖的社群

例如罗振宇在2012年12月12日，推出了"罗辑思维"微信公众号（如图4-1）。公众号每天推送一条60秒语音（如图4-2），推荐一篇文章，致力于打造一个"有种、有趣、有料"的平台和一个独立思考的互联网知识群体。很快，微信公众号就累积了数百万粉丝，然后他开始设立门槛招募会员。第一次会员招聘原计划是5500人，6个小时就被抢光，集资160万之多，第二次更是有800万入账。"罗辑思维"会员资格被短时间抢光是大家对罗振宇的人格魅力和对他所倡导的理念认同的体现。罗振宇作为一个社群的精神领袖，有意识地将大家对自己的认同转移到对"罗辑思维"社群的认同上来。

图 4-1　"罗辑思维"公众号

图 4-2　"罗辑思维"推送语音

（2）围绕优秀产品的社群

例如小米公司从2010年底，通过实名社区米聊、论坛、微信、微博等渠道，发布产品使用攻略等内容，积累了大量粉丝群体。运营团队将粉丝定位于发烧友的极客圈子，根据产品特点，锁定一个小圈子，吸引铁杆粉丝。所以米粉的聚集不仅是因为手机本身，也结合了情感和价值观。另外，小米公司采用的是具有互动性的活动形式：如同城会（如图4-3）、米粉节（如图4-4）等，这些活动让粉丝们找到归属感，最终通过线上线下活动建立了一批"为发烧而生"的发烧友社群。

图 4-3　小米同城会

图 4-4　小米"米粉节"

（3）围绕体验和服务的社群

例如前央视主持人王凯，作为两个孩子父亲，每次出差前都会录好音频故事给孩子们听。后来音频故事被放到幼儿园家长群里和微博上，受到众多妈妈和微博粉丝的追捧，这让他意识到，这是个巨大的刚需，于是开始做"凯叔讲故事"（如图4-5）。妈妈们每天都会让孩子听故事，属于高频次连接。他按照地域和宝贝年龄的不同，建立了几百个微信群和QQ群，并在此基础上推出了《失控圣诞节》《失控儿童节》等产品，经过长期积累、高频次连接，信任和依赖就产生了，社群的黏性也建立起来了，并且家长之间交流欲望很强，社群的活跃度很高，使得"凯叔讲故事"成了中国最大的亲子社群。

图 4-5 凯叔讲故事

4.1.2 为什么大家都在玩社群

移动互联网时代从来不缺少概念，微信、微博等新媒体的兴起，催生了大量有号召力的网络红人，而社群概念也随之越炒越热，很多企业和个人都开始玩社群。

社群作为一种基于互联网的新型人际关系，有以下特点：

（1）自运行运营模式

社群的结构是多点之间的强连接，采取的运营模式是自运行。社群中往往会有精神领袖，但成员与精神领袖之间并不是粉丝与偶像的关系。在粉丝经济中，有一个不可或缺的中心人物即明星（或偶像），所有的粉丝围绕这一个人集合在一起。显然，粉丝经济是一对多的连接，中心人物作为一个点很难与众多粉丝进行有效互动。如果中心人物出现问题，整个经济结构就会崩塌。比如某场演唱会上，在观众热情期待中，歌手却没有到场，结果可想而知，当日演唱会取消或延期，粉丝们各自散去。

在社群中，精神领袖作为一个标志而存在，虽然获得了较大的关注度，但并不是社群的中心。社群成员是在某一种认同下集合在一起的，大家共同去做一些事情、去成长、去寻求价值，但都不是围绕精神领袖运行。精神领袖的形象可以是发起者、形象代言人但不会以偶像的形式存在，即使他不参加活动，社群成员也可以各自分工合作。社群的运行不会因为某一个中心人物而停止，这是由社群所采用的自运行的运营模式所决定的。

（2）从众心理

群体心理学创始人古斯塔夫·勒庞曾说：无论构成这个群体的个人是谁，他们的生活方式、职业、性格、智力有多么的相似或者不相似，只要他们构成了一个群体，他们的感觉、思考、行为方式就会和他们处于独立状态时有很大的不同。

在群体的氛围中，大家更容易受其他成员影响进行相互感染的群体行动。这也就是心理学上很有名的"羊群效应"。心理学上还有很多与群体相关的现象，反映的都是人们的一种从众心理。比如顾客看到一家小店门前排了很长的队伍，一般也会选择排在队伍后边。小米手机销售时曾采用饥饿营销策略，铁杆粉丝们在小米各大网络社区中所做的大量宣传，使得小米手机在社群成员之间形成了抢购风潮。罗振宇依靠"罗辑思维"的粉丝建立起了上千个微信群，当他决定发售会员时（如图4-6），忠实的"罗粉"便会在微信群中不断发布关于发售会员的最新消息。会员发售后，众多新入"会员"在微信群中"炫耀"自己会员身份的行为在很大程度上鼓励了其他成员进行购买行为。

图 4-6　"罗辑思维"发售会员

（3）良好的互动性

社群要保持成员在线上与线下活动中的互动性。如果社群只有线上活动，成员间线下从未碰面，则不利于成员之间信任感的建立，社群关系也会慢慢淡下去。但是只有线下活动没有线上活动，成本则会很高。因此最好的方法就是线上与线下的结合，如每周举办一次线上的分享会，每月组织一两次线下活动。

罗振宇曾在"罗辑思维"的会员中组织过吃霸王餐（如图4-7）、众筹会员等活动，他会为会员提供活动相关资源，让"罗辑思维"的会员成为这些资源的参与者、众筹者或者购买者。不管以什么名义举办活动，这些都是良好的互动，也创造了二次营销的机会。

图 4-7　罗振宇的霸王餐召集令

著名财经专栏作家吴晓波的读书会（如图4-8），会定期组织一些活动，比如"同读一本书"。这些活动的形式又会引起其他书友会的效仿，组织一些类似于骑行、跑步的活动。

图 4-8　吴晓波频道

吴晓波说："阿里或京东并没有改变商品与人的关系，微信也没有改变信息与人的关系，但社群模式也许可以。"他认为，社群经济或许将成为下一站的后市场经济模式，是建立在价值认同的前提下，依据移动互联网改变人们获取信息和社交的方式，以此带来新的商业机会。移动互联网是一场彻底性的颠覆，所有的风口（互联网领域的机会）都和它有关，因为它改变了信息传递和分享的模式。

4.1.3 社群的四个构成要素

社群的四个构成要素（如图4-9），分别是认同、结构、运营、价值。

图 4-9　社群构成要素图

（1）认同

随着移动互联网和新媒体的发展，人们可以更便捷地找到跟自己有相同特质的群体，通过某种认同集合在一起。这种认同可以是一项兴趣爱好，比如爱旅游的驴友会、爱跑步的夜跑群、爱读书的书友会；可以是一种情感，比如校友会、老乡会；可以是同一空间比如小区业主群；也可以是同样的价值观，如"有种、有趣、有料"的"罗辑思维"。对某一事物的认同仅仅是一个社群建立的开始，仅这一个要素并不一定会发展成为社群，比如广大粉丝后援会对某一明星的认同程度很高，甚至达到崇拜的程度，但并不是社群。

（2）结构

社群的结构是社群运营的基础，一般的社群结构包括社群成员、依托平台、管理规范。

首先，社群成员是社群结构的核心。社群是基于某种认同集合在一起的群体，有精神领袖、社群管理者和普通成员。要注意的是社群成员不同于粉丝，比如"罗辑思维"公众号有数百万粉丝关注，但是会员数却很少。

其次，社群依托的平台主要用于线上交流，以满足成员日常沟通和内容分享的需要。目前常见的交流平台有微信、QQ、YY等。微信群方便即时交流，公众号侧重于图文内容的分享。

最后，社群需制定完善的管理规范，对社群长期的发展至关重要。一是保证加入会员的质量和数量。为保证社群质量，社群的加入肯定是需要一定筛选条件的，而且还要考虑社群规模的问题。二是要设立管理员和完善的群规。社群就是一个小社会，如果没有管理者和完善的群规，广告链接乱发，社群就失去了建立的意义。

（3）运营

社群的发展根本在运营。社群运营不仅要提升社群的互动，还要有完整的策划能力才能开展高质量的活动。一个好社群一定是一个有活动主题的群，从属性上可划分为人脉社群和产品社群，但是不管是什么群都需要高质量的活动策划。

社群运营大多需要通过建立"四感"才能发展起来。一是仪式感，比如加入要通过申请，入群要接受群规，行为要接受奖惩等，以此保证社群规范；二是参与感，比如通过有组织的讨论、分享等，以此保证群内有话说、有事做、有收获；三是组织感，比如通过对某主题事物的分工、协作、执行等，以此保证社群战斗力；四是归属感，比如通过线上线下的互动、活动等，以此保证社群凝聚力。如果一个社群通过运营这"四感"有了规范、高质量、战斗力和凝聚力后，社群就会生存得长久。

（4）价值

没有足够价值的社群迟早会成为一潭死水，社群成员也会慢慢选择退群。好的社群一定要能给社群成员提供有价值的服务，这才是社群成员加入该群、留在该群的持久动力。比如罗振宇坚持每天一条语音、吴晓波坚持定期做内容分享、某些行业群定期可以接单等。当然，社群的价值产出不应该只来源于精神领袖和少数人，社群的全员产出才具有更强大的力量。否则，"一枝独秀"的情况还是没有走出粉丝经济的框架。

4.1.4 社群的价值

社群的商业化价值，已经被越来越多的人认可。那么社群还有哪些其他的价值？

其实，社群从一开始建立并不是单纯以赚钱为目的的。加入社群的人们更多的是希望找到自己认同的一个集体，让自己在社群中有所成长和提高。所以，社群可以满足社群成员的多种价值需求，如优质产品和服务、人脉价值等。

（1）产品和服务方面

销售商品是一方面，更重要的是服务体验。比如万科推出的社区生活APP"住这儿"，就是为了打造以万科业主、住户为核心的社群，通过"住这儿"建立物业服务、社区交流与商圈服务平台的O2O闭环商业，面向的用户仅为万科业主，或住在万科的用户，成为会员必须通过住户认证。也就是说，这完全是一款万科人自己的专属APP，通过这款APP可以连接万科、业主等角色之间的关系。

通过这款APP，用户不仅可以清晰掌握所在小区的最新公告，及时了解所在社区的动态，比如停水、停电、维修保养等信息，这样业主不在小区也能第一时间知晓小区动态；而对于投诉维修、查询邮包等，物业响应也更及时、更透明。"住这儿"同样整合了社区用户的生活服务产品，入驻用户可以发起帖子和评论，享受邻里互动，比如分享各种养狗经验、美容美发等信息，大家也可以在APP上进行相互交流或发起相关活动，以往各忙各的业主也开始由于一些这样的互动而相互熟知。社群在服务体验方面的价值也就得到凸显。

（2）人脉方面

社群可以帮助社群成员对接资源，开展线上线下活动以便结识更多的人脉。不管是基于兴趣还是为了交友，社交的本质就是为了构建自己的人脉圈。这是任何一个职场人士都需要去努力维护的关系。精神领袖可能不是组织的唯一负责人，但是他维护一个群就是希望可以成为这个社群里面的联结人，获得联结人的影响力。如果他成功组织群员进行一些活动的话，就能逐步在一定的圈子里面形成自己的人际影响力。

（3）个人成长方面

社群定位于某一垂直领域，一般都会有一两个该垂直领域的大牛，大家加入是为了共同学习和分享，构建一个学习的小圈子。学习是需要同伴效应的，没有这个同伴圈，很多人就难以坚持学习，他们需要在一起相互打气、相互激励，如考研群便是如此。

（4）品牌方面

如今的社群都在利用新媒体搭建自己的"阵地"，在微信公众号、微博等平台上根据各自特点帮助社群扩大影响力。一些大的社群已经开始承接广告合作，用自己的人脉和流量帮企业宣传。如果社群的模式能快速裂变复制的话，社群就可以借助这种方式更快构建品牌影响力。如果一些社群不易复制，那么可以通过经常分享"干货"、组织一些有新意的线上线下活动来不断增强社群影响力,激励、鼓励大家认同某种群体身份,最终借助社群的规模和影响力去获得更多回报。

通过上述介绍可以看出,一个社群的存在,不仅商业价值潜力巨大,也为社群成员多层次需求的满足提供了渠道。社群成员在社群中受益,进而加入到社群的建设中,就会形成一个良好的循环,甚至可以形成自运行生态。

4.2 社群的生命周期

4.2.1 影响社群生命周期的五个因素

社群是有生命周期的,一般社群寿命不会超过1年,短的只有半年甚至一周。那么造成社群"短命"的原因是什么呢?一般,社群"短命"有以下5个原因(如图4-10)。

定位不明确　　管理不当　　无聊　　无条件纳新　　利益分配不合理

图 4-10　社群短命 5 宗罪

(1)定位不明确

很多社群建立之初拉拢了众多新人,结果偏离了最初建群的目的,整个群因为缺乏共同的话题和活动连接,成了一个灌水群。如果加入者能够提前获悉入群后所获价值及群内交流机制,了解并认同后加入,群的生命力就会更加持久,否则,社群没有定位,什么人都可以入群,那么劣币驱逐良币的现象就会时时发生。社群的建立要具有目的性,是为了销售产品,还是交流学习,只要目的明确,目标人群才会加入,社群以后的运行才会更加流畅。

(2)管理不当

社群去中心化不是"无政府状态"。很多人觉得一个社群有领袖、有管理、有社群规范就是违背"去中心化"的宗旨,这是错误的。回想一下我们手机里那些曾经存在的所谓的"去中心化"的社群,如今大多处于濒死状态。其实,定位再准的群,没有管理和维护,也是无法维持运营的。完全自组织的群是难以生存下去的,为了便于社群的管理,群主及群管理的存在十分必要。

反之,如果社群的精神领袖或管理者的个性过于强势,就会出现社群中心化。社群的规模扩大后,为了便于管理,社群建立者往往会制定相应的社群规范,但是越是严格的社群规范越容易引来争议,成员们并不喜欢一个有过多束缚的网络组织。

一个社群的规范应该由成员间共同讨论后制定出来，这样的规范才容易得到遵守，如果社群的规范只由少数人制定，那么规范制定者在社群中就必须具有一定的权威，但是这种规范具有很强的主观随意性，并不能得到绝大多数成员的支持。所以强调民意的组织纪律比强调个人权力的社群寿命更长。

另外，社群内消息的管理也很重要。社群规范要提前申明，管理者要及时惩处违反群规的行为。一个垃圾消息猖獗而无人治理的社群必将没落。当社群人数过多时，社群讨论就会变得低效，即使像微信这样的即时聊天工具，一人一句也得看半天。如果正在工作或学习，那么正常的节奏很容易就会被不断闪烁的群消息扰乱，久而久之大多数人就会选择屏蔽消息提示。

因此，人数过多的群，应采取一定的禁言措施，工作时间群内禁言，其余时间随意，这样就会得到改善。

（3）无聊

社群是拥有共同兴趣爱好的人的聚集场所，如果不能组织一定量的社群活动，社群凝聚力就会降低。组织成员参与活动的方式多种多样，最为常见的方式是提前通知协调，组织者提前通知社群成员未来的某个时间将会进行什么样的活动，主题是什么，提前确定参加者数量，尽可能让最多的成员参与到活动中去。线上线下的活动形式多样，每次活动的主题及形式要避免雷同。

（4）无条件纳新

新成员的无条件涌入，社群内资历较老的成员会觉得社群整体水平大不如前，于是渐渐离开。老成员的离开进一步降低了群的价值，于是恶性循环开始，直至这个群最后彻底失去了以往的活力。但是如果一个群的成员长期没有更新，那么这也是社群走向死亡的开始，任何组织都需要经常换血，没有新鲜血液注入，社群往往会沉寂。

（5）利益分配不合理

只为少数人牟利的社群是不会长久的。为所有成员谋取利益才是社群存在的真正价值。当然，利益分配模式也不能一成不变，需要不断地探索创新。社群的创立者们不能只出于某种冲动建立社群，创立之初热情满满，待到社群初具规模，成员利益得到体现时，创立者却全身而退，这种做法极不道德。

罗振宇的"月饼"的计划（如图4-11）、吴晓波的"读书会"皆是在为社群成员谋取利益，是回报社群成员的体现。因此如何让社群成员获得更多利益是社群创立者们应该认真思考的问题。

图 4-11　"罗辑思维"的"月饼计划"

4.2.2 打造强生命力社群的七大法则

（1）兴趣

社群创立之初不能表现得过于功利，首先要通过"兴趣"聚集人气，吸引新成员的加入，功利性的东西在社群发展成熟时再慢慢引入。把粉丝变成铁杆粉丝，铁杆粉丝变成朋友，一步一步来，这样经营的社群才能具有旺盛的生命力。

（2）个人魅力

社群是以人为核心的生命体，每一个社群中的人都是现实生活中真实的人，而越是鲜活、张扬、有魅力的生命就越容易在社群里绽放。虽然每个社群中都有大量成员潜水，可是每个社群也都不乏大批尽情地展现自我的积极分子。社群管理者们要鼓励成员积极主动地表达观点，畅谈人生，帮助成员在社群中建立相互关系，以产生信任，发生连接。

（3）多中心化

社群的多中心化并不表示社群不需要一个清晰明确的目标和使命定位，去中心化去的是单一的发声权威，而不是社群为完成使命定下来的明确目标。社群一般都有精神领袖，但社群的精神领袖作为社群代言人极易偏离建群的最初方向，使百花争艳、群星璀璨的社群变成了一言堂。因此精神领袖也要跟社群管理者沟通好，为每一个社群成员提供表现和分享的机会，让每一位参与者都有机会成为管理者，成为社群中的璀璨新星。

（4）社群经营重质不重量

有的社群通过发红包、送奖品等方式短期内吸纳了大量成员，但很快这部分成员就退出了社群。这显然还是传统的粉丝经济的做法，付出大量的心血，却始终没能把真正的社群建立起来。衡量社群生命力的标准不是成员数量，而是价值贡献者数量，如果一个万人社群中的所有人都是不懂回报的索取者，那么这个社群很快就会垮塌，即使存在也毫无价值。所以社群的运营应重质不重量，靠数量取胜的做法绝不可取。

（5）共享

社群成员既是价值贡献者，也是价值共享者。不仅要靠价值观和情怀去经营社群，同时还要为广大成员争取更多的福利。很多社群创立者建群后忙着发红包，拉人分享，于是有红包，群活跃，有分享，就来人，创立者刚开始信心满满，时间久了就发现疲于应付，难以支撑。这样的福利分享未免太肤浅，偏离了社群建立的初衷。

世界上没有完美无缺的人，社群成员也不例外，是一群有长处也有短处的个体。成员进入了一个所有人都主动分享付出的社群，必会受到这种氛围的影响，懂得付出才能收获更多，创造价值才能分享价值，每个人都积极地分享付出，这样的社群才会不断地发展壮大下去。

（6）线下比线上更重要

活动才是真正产生社群黏性和发挥社群价值的根本，活动必须提前策划，同时对成员喜好进行统计，根据成员喜好安排活动内容。线上沟通不如线下活动，社群内虽然聚集了众多志趣相投的伙伴，但若从不碰面，则很难相互信赖。所以社群运营中要确保每月都有线下活动，帮助社群成员更好地互相了解，产生信任。

（7）价值观

社群作为群体，需要核心价值的支撑才能不断发展壮大。就如宗教一样，"教义"贯穿始终，灵魂存在，宗教才能称之为"宗教"。小米的"为发烧而生"就是"教义"。当社群所弘扬的核心价值得到群外人的认同后，那么社群的影响力就会与日俱增，大量相同价值观的人会不断涌入，所以，核心价值观是至关重要的。

4.2.3 社群的规模大小

英国牛津大学的人类学家罗宾·邓巴曾提出一个"150定律"（即著名的"邓巴数字"）。该定律指出：人类智力将允许人类拥有稳定社交网络的人数大约是150人。

这个数字会根据地域、文化、网络和现实的不同而有所不同，但毋庸置疑的是，各大社交APP对社群的人数都有限制。以微信群为例，当一个群的成员超过200人，遭遇刷屏的概率就会大大增加，如果成员十分活跃，刷屏现象也会更加严重。

当社群中成员人数较少时，人人自律，社群就会得到管理，氛围融洽，凝聚力强，虽然群内总体信息量不大，但参与度高。若社群人数过多，群内信息量就会很大，一人一句也难以顾及，而且大量刷屏造成体验下降，信息过载导致价值鸡肋，这时信息量是大了，但人均参与度却大大降低了，当退群、屏蔽群的现象成为常态，社群的凝聚力也就无从谈起，活跃度下降自然不足为奇。

社群的合理人数不能一概而论，要根据社群的类型进行区分。

如果定位是扁平化的学习分享群，管理情况较好时，群的规模越大越好，这样可一人分享多人获益。但是对于在线分享群，如何提高学员参与积极性会成为一大挑战。如一个2000人的QQ群，一个成员的分享引来其他1999人前来互动的话，会瞬间形成刷屏潮，导致分享无法继续。如果采取全员禁言，核心人员分享的模式，大家又会因为缺乏参与感，不愿意参加分享。所以活动规范要在活动开始前进行公布，活动开始后，所有人都遵守发言纪律，分享水平就会显著提高，活动就会高效而有序地进行。

在多层次的社群结构中，可成立一个核心管理群，规模不大，管理群中的每个人都负责管理和维护一个小群，形成一个递归金字塔式管理模式。

（1）社群人数设置（以微信为例）

微信群的产品逻辑决定了成员的关系是相对平等的。在一个平等的社区里面，形成一个递归金字塔结构的难度是非常大的，如果精神领袖或者管理者时刻表现出高人一等的存在感，社群成员的心理体验会变得很差而退出微信群。

对于一个松散型组织来说，26～36人是一个小型自组织形态最佳的规模。传统管理理论上认为一个人最佳的直接管理人数是7个，不要超过9个，一个小团队人数也不要超过36人。

一个好的社群组织者应该是充满责任感和正能量的人，被这样的组织者管理的社群，也可以进一步扩大规模，但是当社群人数超过100人就会遇到种种问题。据不完全统计显示，如果一个群超过40个人，那么再找到新的活跃度高且情趣相投的人是一个巨大的挑战。但是在实际使用过程中，许多人会认为40人的社群太小，甚至500人的社群都不算大，这是因为我们都有一种冲动——社交圈子越大越好。但是人多并不一定是好事儿，"大咖"进群可以增加社群活力，但是如何让"大咖"在群里待得舒服，则是运营的难题。

（2）降低社群损失的措施

● 新成员的加入要控制频次，一次进入人数不要过多。
● 加入社群要满足一定条件，用条件进行人员筛选。
● 加入后必须遵守社群规范，对违反社群规范的行为要进行惩罚。
● 文化传承，让新加入的社群成员感受到社群所存在的浓厚文化氛围即核心价值。

4.3 社群所依托的平台

4.3.1 QQ群平台

（1）加入机制

QQ群的加入方式有主动式和被动式，以主动式为主。主动式是个体利用搜索功能了解到群信息后申请加入的一种方式，为了避免一些动机不纯或者不符合群定位的人加入，很多QQ群采取了审核加入机制。

第一步：先登录QQ客户端，点击QQ面板最下方的"查找"进入；第二步：点击"找群"，若有群号可直接输入群号查找，若无群号码，可通过群名称或输入关键字查找；第三步：查找到群后，点击添加按钮"+"，发送申请加入的请求，该群群主或管理员同意即可加入该群。

被动式一般是指受朋友邀请然后加入。群主和管理员可以进入群设置找到"成员"点击"添加成员"，在QQ列表中选择好友加入群中。当好友点击"接受"后就可以加入。群主或管理员在群设置中的身份验证下勾选"允许群成员邀请好友加入群"后，群里的成员可以邀请好友加入本群。群管理员每天可以邀请10次，普通成员每天可以邀请3次，超过次数后再邀请将不会有消息提示。

（2）信息呈现

QQ群是在PC端时代创立的，所以其更多的是PC端场景，所以功能较为丰富，比如文件处理、活动发布、权限管理等，满足了电脑端常用的社交需求。

在QQ群中，成员可以围绕一个主题开设多个窗口进行点对点交流，多窗口点对点交流需要通过PC端才能实现，是PC端独有的设计。同时打开若干窗口，意味着可以分头响应，避免反复刷屏的缺陷。群公告、群文件、群相册等功能更是让QQ群的信息展示渠道更加多样，避免了信息冗余。

（3）管理工具

QQ群的管理工具（如图4-12）具有多样化特征。除具备一些管理功能外，其还包括匿名聊天、共享演示、群活动等工具。

图4-12 QQ群部分管理工具界面图

以下为各功能介绍：

●群公告：可以发布群内重要活动通知、通报等，QQ群的群公告可以云储存所有的公告，而微信群发布新公告时，原有公告会被取代，只保留最新的公告。

●群@：群内发布的消息极易被海量刷屏消息淹没，如果想让某条消息引起某一成员注意时，可以使用@功能提醒他，群@功能也可以提醒所有成员查看通知。

●群文件：重要的文档、电子书、照片等资料可以保存到群文件中，方便群成员下载浏览。

● 群数据：群数据可以查看群成员的人数变动、发言人数、发言条数、近一周内的发言排行榜等情况。

● 群投票：需要群成员对某一话题进行投票表决时，回复数字的方法过于原始，且不方便统计，投票过程也很难保证所有成员都能参与，投票结果自然不够客观公正，难以获得多数成员的支持。群投票功能则很好地解决了这一问题，投票过程公开透明，投票结果客观公正。

● 匿名聊天：随着时间的推移，群整体的活跃度会下降，但是匿名功能推出后，群内发言不会暴露身份，聊天主题也不会受到过多限制，发言自由度提高的同时发言积极性获得相应提高，那么群活跃度上升也就不足为奇了。

● 群共享演示：为了使群分享形式更加多元，分享效果更加直观，使用"群通话"应用中的"PPT演示"功能可以实现语音加PPT演示的群分享效果，非常方便。此功能支持对PPT进行远程控制，为商务办公提供了方便，免除了安装相关PPT远程控制软件的烦琐过程，操作起来也更便捷，但是目前群共享演示功能不支持过多的人同时在线。

● 群活动：群成员可以在本群查看最近发布的活动信息，也可以查看其他社群发布的信息。群活动既可以是线上进行的也可以是在线下开展的，对于社群创立者来说，线上线下活动的结合可以吸引更多人加入社群，从而壮大社群。

（4）运营特征

● 开放性：QQ群的创建者自然拥有中心地位，他们拥有普通成员所没有的特权。

● 多样性：QQ群对单个账号加入群组的数量有一定的限制，对成员聊天的内容等都有限制，但QQ群适合长期运营管理，群组性很强。

4.3.2 微信群

（1）加入机制

微信群相当于讨论组形式，没有群号码展示。微信群创建后，群成员也可以拉其他人加入群，群创建者不支持设置屏蔽。微信群前40人不需要任何验证，直接拉人入群也不需要确认，前100人通过二维码可以随时加入，人数上限是500。但微信群二维码只有7天时效，不是永久的。微信群前100人进群不需要创建者同意，比QQ群方便。而超过100人后，新申请加入的人需要通过实名验证才能通过，这就没有QQ群方便了。

（2）信息呈现

信息呈现方面，微信群的信息更适合移动通讯，微信群功能是基于移动场景设计的，面对面建群、扫描二维码加群等移动属性功能被放在了比较重要的位置，做的也比较简洁。微信群的建立具有很强的随意性，但大多围绕某一特定场景，比如一群在一起上课、吃饭的人建立起一个临时的微信群组。但当这个场景结束时，这个群组就会被迅速解散。很好地迎合了移动通讯时代用户对于便捷性的要求。

（3）管理工具

微信群的管理工具包括红包、群公告、群主管理权转让等（如图4-13）。群公告可以发布活动通知，通知发出后群内所有成员都会收到一条群消息提醒。群主管理权可以转让给群成员，这意味着有价值的微信群可以成为交易商品进行转让。

图 4-13　微信群基本设置图

（4）运营特征

● 开放性：微信群的加入者更多的是横向连接，而不是围绕某个中心者进行连接的。

● 多样性：微信并不限制单个账号加入群组的数量，但被放在信息时间流里的群组会随着发言量自然沉浮。微信的即时性要强于QQ，随时可以连接，对聊天内容限制也相对较为宽松，因此微信与QQ相比更加多样化、碎片化、临时化。

4.3.3 QQ 群与微信群比较

在社群的管理与运营比较中，已经了解到QQ群的功能相对完善，而微信群功能则相对单一，二者的功能定位并不相同。微信群和QQ群的关系可以由图4-14表示。

图 4-14 微信群与 QQ 群关系图

QQ群中的讨论组与微信在功能上十分相似，群内成员可以建立一个临时的对话群就某项问题进行讨论，讨论组具备QQ群的一些功能，如语音、视频、文件传输等，也具备微信群一些功能，如讨论组也会随着时间的流逝自然沉浮，具有临时性，不需要长期维护。微信群的时间流特点在某些临时性场景下有着自己的优势。

QQ群的聊天记录在PC端之间一般不会同步，只有讨论组中的聊天内容才会被云存储下来，QQ群保留了PC端的使用特点，为保证用户信息安全，要查阅全部历史记录还需对漫游记录进行设置，用密码登录才能查阅，操作略显烦琐。

微信群聊是针对某个主题的自由聚会，群内成员可以任意邀请他人加入。而QQ群则更像是一个组织，拥有一整套的会员加入审核机制。下面可通过表4-2做一个详细对比。

表 4-2　QQ 群、讨论组、微信群的对比

类目	QQ群	讨论组	微信群
规模	购买超级会员后可以组建4个超级群，每个群2000人。500人的群组随意建，1000人的群可组建8个	可以创建50人的组，根据会员等级可以进行上下调整	一般可以创建100人的群组，实名认证后人数可增至500人
数量	低于5500人的群可以创建多个，不超过好友剩余上限	没有限制	没有限制
结构	金字塔结构 一个群主，多个管理员	环形结构 有创建者，成员关系平等，都有邀请权，创建者可以踢人	环形结构 有创建者，成员关系平等，都有邀请权，创建者可以踢人
权限	群主和管理员拥有更大权限，可以设置加群暗号、发布语音、音频、文件等	群员之间权利平等，只有创建者能踢人，实行邀请制。可以发布语音、视频、文件等	群员之间权利平等，只有创建者能踢人，实行邀请制

类目	QQ群	讨论组	微信群
玩法	匿名、群等级、改名、群@、禁言等各种玩法，支持红包	多为工作设置，玩法不多	群通知、群@、禁言、红包等
共享	可传文件，有公告板、相册、文件共享、演示共享，基本不屏蔽其他网站链接	可传文件，可发链接，无文件共享，无演示共享，无公告板	传文件效率不高，屏蔽部分链接（如淘宝链接）

4.3.4 其他社群平台简介

除了微信和QQ群外，社群平台还有微博、YY、直播等。

（1）微博

早期的微博有微群功能，有着相同爱好及标签的个体聚集在微群中，形成一个个朋友圈，虽然圈子里也有群主，但本质上微群只是一个论坛，不是真正意义上的聊天群。

虽然如今微博允许会员开设真正意义的聊天群（如图4-15），但是在没有真正社交关系的人群中创建聊天群，再加上定位模糊，故体验感与专业的微信群、QQ群难以相提并论。

图 4-15　微博群信息图

2015年的微博群红包十分火爆，但是没有真实应用场景支持的微博群很快就会沉寂，微博在本质上主要是明星与粉丝之间互动的渠道。

（2）YY

YY语音分享是当下比较常用的群组学习工具，也是目前唯一支持万人加群的平台。

YY有两种模式，一种是游戏工会，支持群内再分组，是典型的金字塔式管理结构；另一种是在线学习群（如图4-16），这种群组的交流主题往往非常单一，老师在线做分享，群员在线学习和交流，互动多存在于老师和学生之间，群员之间互动非常少。

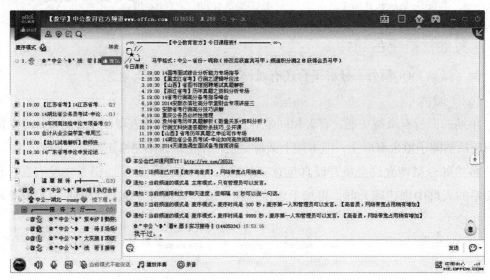

图 4-16　YY 语音直播界面图

YY群中的成员若想进一步加深了解就需建立QQ群或微信群。YY无法摆脱其作为工具的定位，不能附加有价值的社交关系。

（3）直播

目前直播可以通过手机端和电脑端实现，受众收看直播的渠道也多为这两种，然而接收直播内容的平台则多种多样，除专业的直播软件外，在微信、微博等平台也可以播出直播内容，受众除观看直播外，还可以在直播频道内聊天、向主播提问、增加直播时的互动性和趣味性，但直播群依然摆脱不了工具的定位。

直播是社群成员之间建立连接的新渠道。一般的社群依靠社交媒体、线下聚会等来维持社群关系，直播则是另一种维持社群关系的新形式。通常，直播用户之间有着共同的爱好，彼此之间所讨论的话题通常围绕某个兴趣点进行。一些社群运营者也正通过社交网络和直播平台试水社群运营，以建立个人直播品牌并获得商业利益。

直播可以更直接地维系情感。在微信群里，情感建立最有效的方式是发红包，而直播平台则找到了维系情感更好的方式，比如社群成员的颜值、嗓音、运营心得体会等。相比其他平台，直播能使社群成员感受到对方是真实存在的。

4.4 建立高品质的社群

4.4.1 寻找认同

共同属性是社群存在的基础，社群需要领袖，它不是简单的去中心化组织，去中心化的组织实现起来并不容易，个体或小社群以此形式生存是可以的，但是一个较大的社群没有一个精神领袖则很难维持。

对企业而言，做好一个社群并不容易。因为精神领袖应该是有着人格化魅力的"人"，而企业难以实现这种人格化，但也并非完全没有办法，企业可以结合产品定位寻找到产品发烧级玩家，由他们担任社群领袖，这样企业魅力就成功地转化为人格魅力，当然如果社群领袖由企业CEO直接担任则效果更好。

好的社群不需要明星代言，发烧级玩家的存在就可以使社群极具活力。一般来说，在某一领域有着较大影响力的个人或组织，更易建立起垂直的社群。很多企业尝试建立社群，但都以失败告终，这就是因为群里面没有灵魂人物。一个人可以轻松建立一个群，但并不是所有的群都是社群。

4.4.2 制定结构

最佳的社群形态是"群龙无首"，从成员组成结构上看，虽然社群成员的地位是平等的，但这并不意味着社群内的成员没有分工。社群成员可以划分为六个不同类型的角色。

（1）创建者

社群的创建者能够理所当然地成为社群领袖，通常他们都具有一定威信和影响力。创建者对于社群的定位、发展都有着长远的考虑。

（2）管理者

社群管理者分管社群的不同事宜，针对群员的行为进行评估和奖惩。管理者大多是社群的核心成员。社群管理不需要过分严格，否则气氛太压抑会降低群员积极性。

（3）参与者

社群活动和讨论的参与者没有限制，有技术达人、段子手等类型。积极的参与者会使社群活跃起来，群员也就乐在其中，积极地参与到活动中去。

（4）开拓者

社群要想获得长足发展需要积极地在不同平台上进行宣传。开拓者们通过开展线上线下活动，运用多重手段积极地将社群宣传出去。

（5）合作者

社群拓展的过程中，独自奋斗不如找到合作者进行资源互换。比如书友会可以与出版社及畅销书作家合作。

（6）付费者

社群的运营和维护是需要成本的，所以要有一定的经济来源才行，社群可以通过出售社群产品、拉赞助的形式获得经费。而社群内部成员想要购买群内相关产品时则应给予最大的优惠，但社群利益共享才是社群发展的方向。

4.4.3 产生输出

平台是用付出和价值堆起来的，社群仅仅靠精神领袖和几个核心成员很难保持高效输出。产生输出最佳的方式应该是社群成员集体行动。普通社群成员的输出可以使他们实现从观察者到行动者的角色转变。

例如：吴晓波老师的微信公众号运行后，发展迅猛，至今已有170多万的订阅者。吴晓波老师即便才华横溢，但每天要写的微信稿子也是不小的工作量。所以从一开始吴晓波老师就在"吴晓波频道"进行全国征稿，后来又发现稿件质量需要有人把控，于是又迭代推出了"话题墙"，征集用户关心的话题，这样他的微信推文就可以尽量做到大家关心什么，就写什么。

吴晓波老师把选题、写稿和审核的权力交给了读者，从而形成一个互联网生态下的内容生产平台，这是系统化的社群产出的尝试。另外，吴晓波老师在视频中增加了与公众号的互动环节，并发起主题互动，从而形成了把视频受众引流到了公众号上，又从公众号引流到线下书友会的闭环运营系统，如今全国已经有80个城市建立了吴晓波书友会，这种紧密的社群联系使社群力量越来越强大，社群产出价值也越来越多。

4.5 社群传播之术

4.5.1 做有态度的内容

从海量信息中挑选出想要的内容并不容易，并且被挑选出的内容必须要有态度。有态度的内容才能够引起社群成员的共鸣，进而引发互动，壮大社群。仅仅因为兴趣、认同感把人聚合在一起，而缺少有态度的内容输出，社群成员就会变得不稳定，因此，做内容时应该有一个清晰的脉络，明白大家喜欢什么，反对什么，愿意跟什么人在一起。垂直细分后的内容是吸引新成员加入的法宝，是社群获得经济利益的挖掘点，也是社群生命力得以持续的根本。

近年来，各大企业通过内容营销强化和传播产品的品牌理念，获取匹配度高的目标受众，在受众心中强化品牌形象，并产生转化，获得经济收益。近日发布的《2016

年欧洲内容营销报告》中显示，内容营销已被企业认为是2016年最具商业影响力的营销方式，紧随其后的才是营销自动化、转化率优化、大数据营销和社交营销。

4.5.2 案例分析之"罗辑思维"

社群的核心是人，一个好的社群"人性"必定贯穿始终。"罗辑思维"估值之所以上亿，人性是其最大的价值。

"罗辑思维"的社群模式，社群定位于白领阶层，本质上是让用户思考，这一点表明"罗辑思维"的用户必须主动参与才能获得想要的东西。在知识学习上，除了长期提供与"罗辑思维"相关的推文，有时也会提供一些接地气的生活知识；在逻辑共鸣方面，通过60秒的讲故事来占领用户的琐碎时间，故事的逻辑层面上简单易懂，听完故事，回复关键字还可以获得推荐文章，进一步来加强共鸣。

"罗辑思维"构建社群的三个步骤：

（1）社群定位。"罗辑思维"的用户主要是85后"爱读书的人"，这群人拥有共同的价值观；成为"罗辑思维"的会员需要缴纳费用，低等级的会员只需缴纳200元，高等级的会员则需要缴纳1200元，费用分层次，不同收入水平的会员才能真正付出行动。

（2）培养习惯。培养共同的习惯，可以增强会员的存在感。比如，"罗辑思维"固定每天早上大概6点20发送语音消息，培养用户阅读习惯。

（3）线下互动。线下的互动是使会员互相加深了解的重要途径，"罗辑思维"曾举办过不少线下活动，比如"爱与抱抱""霸王餐"游戏等。

4.5.3 案例分析之小米

小米在做自己的手机系统（MIUI）时，雷军曾设定了这样一个目标：不花钱将MIUI做到拥有100万的用户。于是，主管MIUI的负责人黎万强只能通过论坛做口碑：每天都泡在论坛里寻找资深用户，几个人注册了上百个账户，天天在手机论坛灌水发广告，终于挑选出了100位超级用户，并让他们参与到MIUI的设计、研发中去。最终借助这100人的口碑传播，MIUI得以迅速推广。

那时，雷军会每天花一个小时回复微博上的评论，即使是工程师也要按时回复论坛上的帖子。据统计，小米论坛每天有实质内容的帖子大约有8000条，平均每个工程师每天要回复150个帖子。而且，在每一个帖子后面，都会有一个状态，显示这个建议被采纳的程度以及解决问题的工程师ID，这给了用户被重视的感觉。

此外，和其他论坛的纯线上交流不同，小米有一个强大的线下活动平台——同城会。小米官方每两周会在一座城市举办一场"小米同城会"活动，举办同城会的城市是通过后台用户数量分析决定的，活动过程中工程师们会亲临现场与粉丝互动，这极大地增加了用户的黏性和参与感。

除了营造参与感，小米还积极地与"米粉"交朋友，这是小米的企业文化，需要小米全体员工的参与，为此小米赋予了一线员工很大的权力。比如，在用户投诉的时候，客服有权根据自己的判断，自行决定赠送贴膜或其他小配件。另外，小米也很重视人文关怀。曾经有用户打来电话说，自己买小米是为了送客户，客户拿到手机还要自己去贴膜，这太麻烦了。于是在配送之前，小米的客服在订单上加注送贴膜一个，这位用户感受到了小米服务的贴心。

除了赋予员工权力，小米还会赋予用户权利——成立"荣誉开发组"，让他们试用未发布的开发版、甚至参与绝密产品的开发。虽然这种方式存在一定风险，但给了用户极大的荣誉感和认同感，让他们投入更大的激情参与到产品的升级当中。

可见，小米的快速崛起，离不开社群营销，其具体做法包括：

（1）聚集粉丝

小米主要通过三个方式聚集粉丝：利用微博获取新用户；利用论坛维护用户活跃度；利用微信做客服。

（2）增强参与感

开发MIUI时，让米粉参与其中，提出建议和要求，然后由工程师进行改进。这极大地增强了用户的主人翁感。

（3）增加自我认同感

小米通过爆米花论坛、米粉节、同城会等活动，让用户获得"我是主角"的感受。

（4）全民客服

小米从领导到员工都是客服，都与粉丝持续对话，时刻解决用户问题。

4.5.4 案例分析之星巴克

星巴克对社群营销的操作，可谓炉火纯青。在Twitter、Instagram、Facebook等平台上，都可以看到星巴克的身影。星巴克的社群营销做法包括：

（1）借助Facebook和Twitter推广新产品

星巴克曾为了促销黄金烘焙豆咖啡，推出Facebook的主页，顾客可以从中了解新品资讯、优惠福利等。而在Twitter上，星巴克也展开了宣传，并通过文章引流。

（2）运用贴合热点的广告和主题标签

如美国曾遭遇Nemo大风雪，星巴克当时在Twitter上推出了在寒冬中握着热咖啡的广告，并且利用了大风雪等相关标签，贴合顾客的生活。

（3）与Foursquare合作慈善活动

星巴克曾与Foursquare合作，推出抗艾滋慈善活动，顾客到星巴克消费，并在

Foursquare上打卡，星巴克就会捐出1美元。

4.6 关于社群的畅想

4.6.1 保持社群活跃度

社群是有生命周期的。只有那些"活"着的社群才有价值，社群的活跃度直接决定了社群生命周期。社群的活跃度根本上是由社群的核心价值决定的，成员的发言情况只是表象。

对于一个垂直型的学习社群来说，如果社群成员学习效果更多体现在上交作品上，那社群成员作品上交的情况就是社群活跃度的首要标准，成员发言情况就不再是此类型社群活跃度的主要衡量指标了。反之，如果是一个文案或者段子手社群，社群的成长速度取决于群成员的文案赏析能力和思想碰撞的情况，那么社群活跃度的衡量标准就会偏向于群内的交流氛围。

其实多数社群成员更加注重个人成长，希望在群内"大咖"的带动下提升自我，因此平时社群并不活跃，待"大咖"出现时，社群成员才会积极参与群内互动，因此"大咖"的作用十分重要。

很多群的衰落缘于广告，广告无处不在，大街上有户外广告，公交车上有车体广告，手机上有各种推送的广告。在这个广告满天飞的时代，人们已经厌烦了广告，因此希望微信群及QQ群是最后一片净土，不希望广告阻碍正常的交流，所以有效阻止广告的出现十分必要。

话题质量是除广告以外另一个对社群活跃度有着重要影响的因素，社群要定期组织一些话题讨论活动，通过对话题的讨论增加社群的活跃度。每个社群都有积极分子，他们乐于助人，乐于发问，乐于学习，在QQ群里这部分人可以担任管理员，以协助群主更好地管理群，在微信里可以通过给予红包奖励或者赋予权限的方式来调动他们的积极性，通过他们带动其他成员积极发言，提升社群活跃度。

4.6.2 社群营销的美好愿景

在传统营销时代，人们常常会陷入这样一种幻想之中，认为只要能够设计出完美的广告词或开展有力的推广活动就能改变消费者的消费习惯，然而事实上这种幻想从未实现。

人类虽然位于食物链的最顶端，但原始的本性并没有完全消逝，我们过着群居生活，进行着集体活动。回顾历史，人类每一次的进步都是群体力量的展示，换句话说，没有群体就没有人类的进步。

进入了互联网时代的今天，社会形态将再次发生变化。计算机网络技术的发展，为社群潜能的发挥提供了更为广阔的空间，互联网使社群之间的联系更加紧密，社群的力量更容易爆发，互联网环境下的社群自我强化能力增强，对细微事件都能做出极为快速的反应。

传统的营销活动局限性强，影响范围小，而在互联网的社群中，一条信息发出会被众多成员浏览，营销在社群中也爆发出了惊人的力量。

传统营销中，一部优秀的广告作品搭配上完美的广告文案也许会使产品声名远播。但是，以产品为主导的时代已经过去，在今天，产品优秀已是标配，消费者希望从产品中获得有意义、有乐趣的感情寄托。因此在社群营销中，只有好的产品和优秀的广告是不够的，更重要的是顺应消费者的情感需求，尤其是当消费者在众多产品或品牌之间徘徊的时候，一定要给予足够让消费者选择自己产品的理由。互联网时代需要我们在恰当的时刻，牢牢抓住关键消费者，对其施加有效营销。关键消费者是指那些有强烈的消费欲望，并愿意在社交网络分享自己的购物体验、产品使用心得的人。

互联网技术的高速发展，让信息的传播突破了时间和空间的双重限制，使信息传播速度更快，成本更低。在传统营销中，习惯用数量或规模来评估营销效果，但是在社群营销中，人们更关注传播的速度。

社群营销希望消费者能够以自己的品牌为中心聚集在一起，使产品成为消费者生活中必不可少的一部分，社群营销不以抓住全体消费者的注意力为目标，而是通过影响部分消费者，让他们再去影响剩余的消费者，从而形成一个忠实的产品消费社群。

任何事情都有两面性，社群营销能够在一夜之间成就某个品牌，也能极大地影响一个成熟的品牌。虽然有时候无可避免，但也不用担心，社群本身就具有这种改变一切的巨大能量。人类将群体的力量转化到网络之中，组建了各个社群，这些社群展现的集体的力量，是原始人性在网络的体现，鉴于社群营销的巨大力量，传统的营销方式逐渐被取代。

总体来说，在传统营销中影响单个个体的做法是加法，量以个位数增长；社群营销则致力于引发集群效应，量以次方位增长。除两种营销方式影响的范围大不相同外，社群集体意志的一致性是传统营销所不具备的，也是社群营销的魅力所在。

社群营销的力量是集体的力量，蕴藏在社群的每个成员之中。成功的社群营销，能够让消费者自觉主动、不计酬劳，而且满怀激情地投入到产品研发、改良和品牌的传播中去。他们将自己与产品捆绑到一起，将传播产品作为一件光荣的事情来对待。

本章小结

　　移动互联网时代打破了时空界限,任何人都可以进行价值和价值观输出,人们寻找志趣相投的伙伴,基于共同价值观建立社群阵地,通过对社群的精心培育,使社群成长为一个有活力的生命体。

　　无论你是否认同、接纳社群经济,它都是现实存在的,并以惊人的速度在互联网上扩张。在未来,经营社群的能力将是任何一个品牌在面对消费者时的必修课。

　　未来的消费者将以社群形态存在,一个品牌要想成功,其关键是要有发现社群、建立社群、经营社群的能力。

视频讲解

第5章
知识类平台营销

5.1 问答营销

5.1.1 主流问答平台介绍

问答平台是集成了自动切分词、智能搜索、自动分类等一整套的自然语言处理和信息检索技术，为用户提供一个可以双向互动的网络交流平台，用户既可以通过发送问题的方式，接受专家和其他网民的帮助，也可以回答问题，为别的网民提供有效帮助。

常见的问答平台如百度知道、360问答、搜狗问问、新浪爱问、雅虎知识堂等逐渐兴起和火爆，专业的问答平台小到一个企业的客服，大到一个行业的专家知识库，都逐渐体现了互动问答平台的价值。

随着互联网普及率的不断提升，人们需要专业知识问答平台来获取医疗、教育、情感等专业知识。问答平台是在百度百科、新浪爱问、搜狗问答等通用平台的基础上，进一步发展出以领域、内容、社交功能等作为重点划分的专业化的平台。

随着第二代互联网的逐渐成熟，能让网民进行互动交流的平台，越来越受到人们的欢迎。近年来各类网站和网页数量都在快速增长，截至2016年6月，中国网站数量为454万个，半年增长7.4%，中国网民规模达到7.10亿，半年共计新增网民2132万人，半年增长率为3.1%（如图5-1、图5-2），这也为那些依托于网站用户和网页流量的网络平台创造了极好的发展环境和条件。

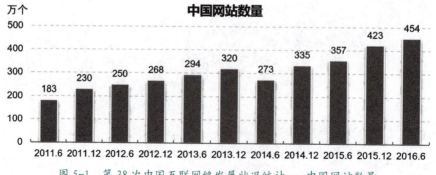

图 5-1 第 38 次中国互联网络发展状况统计——中国网站数量

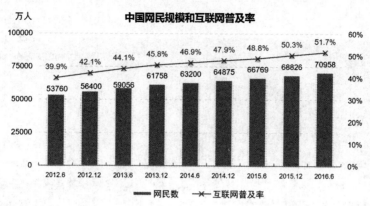

图 5-2　第 38 次中国互联网络发展状况统计——中国网民规模及互联网普及率

互动问答平台可用于建设行业知识库、垂直领域专家系统、行业交流网站问答板块，促进医学领域的医患交流、教育领域的师生交流等各个方面的交流互动。有些特殊的问答平台也提供如增加敏感词过滤（将涉及色情、政治等敏感词自动过滤），舆情监控等功能模块。

现在，问答平台逐步被大家认同和广泛使用，在了解了问答平台的通用运行共性之后，分别了解每一个不同平台的个性化特点很有必要，以下是国内应用率和接受度较高的几个主流问答平台。

（1）百度知道

百度知道，是一个基于搜索的互动式知识问答分享平台（如图5-3），是一种用户自己提出具有针对性的问题，通过积分奖励机制发动其他用户，来解决该问题的搜索模式。同时，这些问题的答案又会进一步作为搜索结果，提供给其他有类似疑问的用户，达到分享知识的效果。

百度知道的最大特点，就在于和搜索引擎的完美结合，让用户所拥有的隐性知识转化成显性知识，用户既是百度知道内容的使用者，同时又是创造者，在这里累积的知识数据可以反映到搜索结果中。通过用户和搜索引擎的相互作用，实现搜索引擎的社区化。

百度知道也可以看作是对搜索引擎功能的一种补充，让用户头脑中的隐性知识变成显性知识，通过对回答的沉淀和组织，形成新的信息库，其中沉淀的信息可被用户进一步检索和利用。这意味着，用户既是搜索引擎的使用者，同时也是创造者。百度知道可以说是对过分依靠技术的搜索引擎的一种人性化完善。

图 5-3　百度知道主页

（2）新浪爱问

爱问（iAsk，如图5-4）是新浪完全自主研发的搜索产品，充分体现了人性化应用的产品理念，为广大网民提供全新搜索服务。爱问致力于成为一项真正能帮助广大网民解决问题的服务产品，其宗旨是用户可以在这个平台上无所不问，而爱问的最终诉求则是能做到有问必答。

图 5-4　新浪爱问主页

作为首个中文智慧型互动搜索引擎，爱问突破了由Google、百度为代表的算法制胜的搜索模式，其在保留了传统算法技术在常规网页搜索的强大功能外，以一个独有的互动问答平台弥补了传统算法技术在搜索界面上智慧性和互动性的先天不足。通过调动网民参与提问与回答，爱问汇集了千万网民的智慧，让用户彼此分享知识与经验。值得一提的是，爱问所包含的许多答案，是新浪创业18年来在内容资讯上沉淀积累的精华，它集合了新浪各个频道的海量信息与资源，体现着新浪作为全球最大的中文门户网站在内容上的强大优势。

为了使搜索结果更贴合网民的实际需要，爱问独创了"内容直达互动"的功能。在网页搜索结果页面右侧，爱问特别开辟了"直达特区"。如用户搜索"王菲"，在直达特区将出现王菲的照片、简介、歌曲下载、有关王菲的问题和答案；用户搜索"魔兽世界"时，将在直达区自动出现网民提出的与这款热门游戏相关介绍和新浪游戏频道特别制作的专区，了解游戏详情的用户不用从庞大的搜索结果中去搜寻了。

　　（3）360问答

　　360问答（如图5-5）是360搜索的旗下产品，某些用户为一些有针对性的问题提供的答案会进一步作为搜索结果，提供给其他有类似疑问的用户，分享知识，以此营造"你问大家答"的良好网络知识氛围。360问答主要分为问答首页、问题库、问答活动三个版块，问答首页是针对社会热点每日制作专题，共有14大分类栏。问题库是14大分类问题的汇集，能够帮助用户在相关分类中直接搜索信息。问答活动就是定期举行的有奖问答，通过回答问题积累金币可以获取相应的抽奖机会和奖品。依托于奇虎360强大的安全技术支持，360问答在"反作弊、反广告、反垃圾"方面一直成绩显著，为用户提供了相对干净、安全、可靠的问答环境。

图 5-5　360 问答主页

　　（4）搜狗问问

　　搜狗问问（如图5-6，前身SOSO问问），是搜狗旗下的知识产品。2013年9月16日，腾讯以4.48亿美元获得搜狗36.5%的股份，后期继续增持至40%。腾讯不仅现金注资，还将旗下搜索业务——SOSO的资产打包注入搜狗。经过数月整合，目前SOSO问问品牌已消失，SOSO问问变成搜狗问问。搜狗问问为广大用户提供的问答互动平台，是一个类似于新浪爱问、百度知道的产品。用户可以提出问题，解决问题，或者搜索其他用户沉淀的精彩内容，结交更多有共同爱好的朋友共同探讨知识等。搜狗问问使用QQ号登陆，有经验值和积分，经验值用来提升等级，分数用来悬赏，这样每个用户都有自己的人气、声望。搜狗问问的提问模式是其特色之一，如果搜索没有答案，可以通过提问，请广大网友一起来解决问题，同时问题可以在QQ上显示出来，让QQ好友关注问题并且参与解答。

图 5-6　搜狗问问主页

（5）天涯问答

天涯问答（如图5-7）是天涯社区旗下的社交问答平台，是一个集知识性、互助性、社交化为一体的平台。用户除了根据自身需求提出问题和回答他人问题外，还可以通过主动关注感兴趣的话题达到分享知识和经历的目的，并与其他志趣相投的好友讨论和交流。2007年8月20日天涯论坛正式上线，成为由谷歌和天涯社区联合开发的互动问答知识社区。2008年8月底开始举办"答问题送话费"活动，迅速凝聚了大量人气，挤入同类产品第一阵营。2010年7月20日，由于谷歌与天涯中止合作，谷歌停止对天涯问答提供技术支持，天涯问答成了天涯公司独立的产品。

图 5-7　天涯问答主页

（6）知乎

知乎（如图5-8）是一个具有较强社交功能的真实的网络问答社区。知乎的信息获取方式和渠道多样，"话题广场"板块中各种话题以分类标签的形式呈现，为用户提供除搜索和导航之外，一种更加直观具体的信息选择方式。此外，通过关注其他用户，可以接收到其发布的最新动态和话题并进行评论、分享和收藏，还可以通过电子邮件或新浪微博的方式邀请好友加入知乎社区，共同交流分享。

图 5-8　知乎主页

在以上介绍的六个不同问答平台中，百度知道、搜狗问问和天涯问答是用户数量较多、流量较大、权重较高的三个综合性问答平台，其在营销活动中的适用范围也比较广泛，因此有必要对这三者在营销应用中的优劣势进行一个深入分析（如表5-1）。

把百度知道放在这三大问答平台的首位是当之无愧的，无论从访问量、权重、收录情况、效果等来说，百度知道都是遥遥领先的。曾经的百度知道也是一个外链建设的宝地，但是随着这一两年来的外链泛滥情况越来越严重，百度知道的外链审核力度也随之水涨船高。现在想要在百度知道留下一条外链，并成功存活一段时间的难度已经可以用"难于上青天"来形容了。之前也有过一些处理外链问题的特殊模式，比如使用跳转或者在URL前加baidu.com等，但是随着百度审核机制的不断严格化，这些方式都已经失效。以目前的审核度来看，带有外链的回答一般是会被秒删的，而且账户也会受到百度知道的不信任。不过还有一个方式也许可以让外链成功存活，那就是借由百度知道的投诉功能。一般链接马上被删是因为机器审核发现导致的，如果投诉则会进入人工审核的阶段，到时只要链接是与回答内容相符，就有可能会通过审核。

搜狗问问有着广大的用户基础，搜狗问问的权重也能够和百度知道相媲美。而且搜狗问问的外链审核没有百度知道那么严格。但这不代表搜狗问问就是问答外链建设的风水宝地，因为搜狗问问的外链是采用JS跳转的，而这种跳转搜索引擎是无法识别并传递权重的。

相较于百度知道和搜狗问问这两个问答平台通过概率低与不传递权重的问题，

天涯问答则在审核通过率和送达率上显得更加有优势。当然天涯问答也存在一定的不足，因为天涯问答的外链是属于文本外链，其效果会低于其他平台的超链接，同时也不利于流量的导入。天涯问答外链的建设相对来说比较简单，但如果需要大量做天涯问答外链的话，要首先准备一个IP代理软件。同一天内尽量不要使用同一个IP发布过多的外链，否则难免会被删除、封号。

表5-1 百度知道、搜狗问问、天涯问答外链特征比较

三大问答平台外链特征一览表				
问答平台	难度	优点	缺点	建议
百度知道	非常难	传递权重，收录好，可引流量大	审核难度相当高，基本靠运气	使用投诉法，偶尔可以成功
搜狗问问	较难	通过不难，能有效带来流量	做301跳转，无法传递权重	把问题显示在QQ上，可以带来关注
天涯问答	简单	90%通过率，能长期做外链	只能做纯文本外链，效果较差	换IP做问答，可持续地发展外链

通过分析这三大问答平台，需要明确使用问答平台建设外链不能单纯只考虑如何成功建设外链，而要用心去提出疑问并解决疑问。

把自己当成是一个普通的用户，找到用户真正需要的问题，用自己的话去回答这些问题，回答的内容一定要对用户是真实有帮助的，用心回答问题然后融入自己的链接或者是品牌名称，但是不要过多地带入自己的网址等信息，这样才能真正被问答平台和用户所接受。

5.1.2 问答营销常用方法及操作要点

问答营销的主要方式有两种，第一种是回答别人的问题，第二种是自问自答。

5.1.2.1 以回答别人的问题进行产品和品牌推广营销

（1）操作流程（以百度知道为例）

● 用不同的IP，注册多个账号（如图5-9）

如果用同一个IP注册，意图过于明显，容易成为问答平台"重点关照"的对象，在进行回答问题的过程中一旦有点小动作，很有可能被直接封号，甚至导致该IP下所有账号一起"连坐"。

除了需要注意使用不同IP之外，通过选择不同的注册时间和注册地区也能够使账号注册显得更加真实可信。

图 5-9　百度知道用户账号

● 寻找相关问题

通过在问答平台的首页寻找相关问题分类，或者在搜索框中直接进行关键字搜索的方式，查找特定问题（如图5-10）。例如，要进行单反相机这一类产品的营销，就可以到"数码产品"或者更加具体的"单反"这个分类中去查找，也可以直接搜索该关键词。

图 5-10　百度知道信息搜索栏

● 找到最新待解决的问题

问答平台中，答案的排列显示是以时间顺序为依据的，而答案的质量和位置决定了被看到的可能性（如图5-11）。所以回答的时间越近，所排的顺序就越靠前，这样即使不被设为最佳答案，别人也能看见，从而增加产品和品牌信息的曝光机会，以达到更好的营销效果。

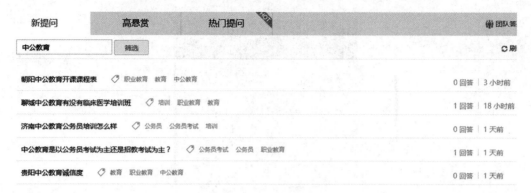

图 5-11　百度知道问题搜索

（2）操作技巧

● 注意用户行为

系统在进行用户审查时，一个非常重要的标准就是用户行为，回答数量和频率与正常用户相差过多，很可能会被发现并且封号。按照常理，一个用户肯定是在有空的时间登录看看，然后有选择性地回答几个感兴趣的问题，所以，每个账号回答问题的数量都要控制，尽量同一账号每天回答问题不要超过十个，并且不要出现连续回答十个问题然后就下线的情况。

● 回答内容要有质量

高质量的内容才能更好地吸引用户将回答看完，并关注到文中或文末的推广信息。另外，最好以启发的形式进行推广，比如在答案中留下产品、品牌或是网站的名字，引导用户主动搜索。切忌在正文内留下网址，以免网址被屏蔽甚至被封号。

● 长期坚持、全面覆盖

虽然每天回答问题的数量要有一定控制，但是想达到良好的推广效果，量的积累是必需的，关键点就在于回答问题要长期坚持，不要有太长时间间隔，更不要只做几天几周就不再继续，每次都要全面覆盖，尽可能把相关领域的所有问题都回答一遍，最大程度增加推广信息被看到的概率。

● 提升账号等级

账户的等级越高，往往越能赢得用户对答案的信任度，这样一来可以降低系统对账户的"警惕"程度；二来可以提高采纳率（即采纳你的答案的人数）；三来更有机会加入平台问答团队，提升答案的可信性，这样就更有利于推广效果的实现。

● 慎重留网址

如果需要留下网址，可以把网址放置在"参考材料"这一栏，但是这种方法只能用在答案的字数高于回答问题文字数量的上限时，留下完整文章的地址方便用户自行查看，而且切记每次留下的地址和域名不能都一样，否则也容易引起系统的注意。

（3）推广弊端

● 信息送达度难以保证

由于没办法控制自己提供的答案是否会被采纳，如果未被采纳为最佳答案，那么推广信息的曝光率会大打折扣。

● 问题搜索率难以控制

例如专业性较强或比较小众的领域，每天的提问量和搜索量可能都会很小，难以形成有效推广。另外，由于用户关注的领域各有不同，所提出的问题也是五花八门，难有共性，有些私人化的问题除了提问者本人以外，几乎不会有人去搜索，这样的问题回答再多也不起作用。

5.1.2.2 以自问自答的方式进行产品和品牌推广营销

（1）操作流程（以百度知道为例）

● 账号注册

注意要用不同的IP在不同时间段注册多个账号。

● 提问和回答

先用一个任意账号，在这里简称为A账号，提出符合用户的搜索习惯的问题（如图5-12）。接下来，过两三天之后用另一个任意账号，简称为B账号，回答之前提出的问题。需要注意的是，A账号和B账号不要用相同的IP地址登录，如果有条件，最好能使用不同的电脑在不同地区提问和作答。

图 5-12　百度知道提问展示

● 设置最佳答案

最后，在问题快结束时，用A账号把B账号的答案设置成为最佳答案。

（2）专属技巧

● 多个"马甲"循环使用

在具体操作的时候，不要只使用两个固定的IP来回去重复问答，这样意图过于明显，很容易被系统注意或者被其他用户发现。要尽量多注册一些账号，相互之间轮换问答，循环使用。

- ●提问方式多样化

针对同一类型的问题，不要总使用一样的标题去提问，要根据用户的语言习惯和当下热点信息来调整题目，本质内容保持不变但一定要注意提问方式的多样化。这样经过一段时间的积累之后，用户在特定关键词下搜索就有可能看到提问的帖子，而且题目的不同可以吸引用户更多次地点击各个题目下的回答内容进行查看。

- ●适时适度提升页面权重

在一些重点问答页面，可以在回答问题的同时提升一下该页面的权重，从而使得这些页面在搜索引擎中获得更好的排名位置。具体的操作方式就是，回答其他相关问题时，在相关的资料内加入要推荐的需提高权重的问答页面地址，当该页面的外链足够多时，页面权重就会得到提升。

5.1.3 问答企业合作平台简介

企业和问答平台合作也是一种问答推广的常见形式，就是指企业获得问答平台的认证之后，以"专业机构""专家"等特殊头衔针对某一领域为用户提供问题咨询和回答（如图5-13）。这种方式既能使得企业通过优质的回答内容，向亿万互联网用户多维传递机构的专业形象，借助问答平台的流量优势，获取流量大的广告位置，为机构曝光品牌，提升知名度，甚至可通过咨询功能，与用户进行进一步的沟通，从而转化订单，又能为问答平台提供更加专业化、可信度高的答案，从而提升问答平台答案内容的专业度和可信度，吸引更多用户和培养用户的忠诚度，树立起问答平台的良好形象，增加在同质化问答平台中的竞争优势，获得更好的发展。这样企业与问答平台可以互利共赢，共同发展的同时，也为用户提供了一个更加便捷和相对专业可信的问题咨询和信息获取渠道。

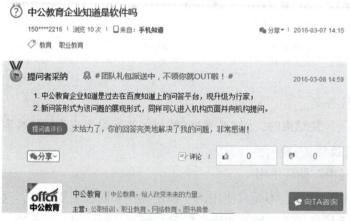

图 5-13 百度专业合作企业平台

目前，国内对企业与问答平台的合作模式应用比较成熟有效。以百度知道为代表，下面对百度知道与企业的合作方式和案例进行具体介绍。

"机构行家"（简称"行家"）是百度知道为企业量身定制的知识问答服务平台身份。在百度知道通过答题与目标用户进行互动沟通，提升营销转化效果，挖掘更多商业机会。企业在成功被认证为"机构行家"之后，会享有以下特权：

（1）信息展示

成功入驻百度知道行家的机构可以拥有自己专属的名片页，名片页设置不同的模块，从而实现机构的商业价值展示。如：电话、邮箱、企业网站等。

（2）产品展示

企业可以将活动模块嵌入行家名片页，吸引每个到达行家名片页的用户关注并参与。而且在行家回答的每条问题的底部，都有对行家的品牌曝光，点击还可以进入行家用户指定页面，为企业提供流量支持。

（3）品牌展示

在成为"机构行家"之后便可以拥有三项品牌展示优势：当用户在百度搜索相关关键词，机构行家的回答内容会优先展示；机构行家在百度知道贡献的每一个回答中，都会有特型展示，展示信息包括公司名称、擅长领域、公司简介等；百度知道行家贡献的内容，符合高质量认证标准，将获得专业回答特型，被认证为专业回答的机构，在特型中拥有导流的功能。浏览的用户点击红框的文字，页面将会跳转到机构首页。

（4）实时数据

企业可以监测和浏览自己的回答量、品牌曝光量、提问者满意度，提问用户属性等数据信息，并且与浏览用户建立联系，通过答疑形成，挖掘潜在客户群体。

（5）自主管理

企业可以自行线上导入高质量问答内容，并直接对这些内容进行整理、删除等相应的处理，而且可以通过子账号关联功能，为更多用户提供同时在线问答，加快机构回答的贡献速度，提升品牌曝光量。

5.1.4 如何让问答更有效

在进行问答营销推广的过程中，除了要保证长期坚持、积累一定的问答数量和技巧应用之外，回答内容的质量更是效果的保障。答案排序以时间和最佳答案为依据，但是从时间上而言，回答任何问题时不可能进行不间断地刷屏，所以为了保证自己的答案能被更多的人看到，提高内容质量，争取被设置为最佳答案才是更高效的方式，以下是内容上需要注意的几个方面，这样可以让问答能够更加有效。

（1）选择相应分类

无论是使用问题回答或自问自答的方式，首先需要注意的就是问题和答案的分类（如图5-14）要符合主题并且一致，比如提出或者回答"UI培训"的问题，一定要到"科学教育"或者类似的关键词下进行，而不是随意选择如"文化艺术"等和问答内容关联度不高的分类。到关联度不高的内容分类回答问题，会导致用户在搜索时很难搜到你的回答或者问题，这样一来就大大降低了答案被看到和采用的概率，难以达成推广效果的同时，还会造成时间成本和人力物力等资源的浪费，甚至被其他用户发现推广意图或者被系统特别注意到而有被封号的风险。

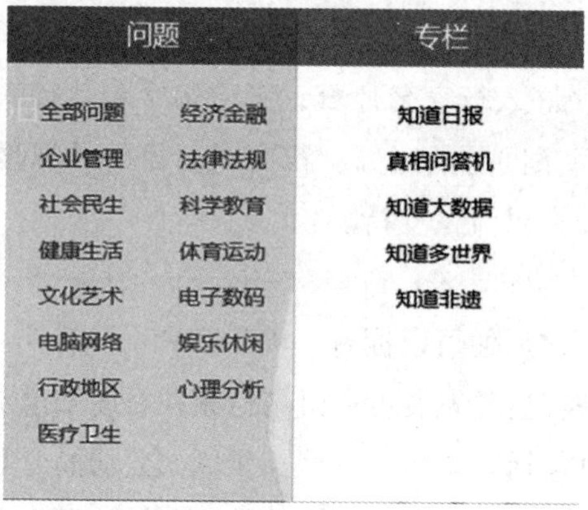

问题		专栏
全部问题	经济金融	知道日报
企业管理	法律法规	真相问答机
社会民生	科学教育	知道大数据
健康生活	体育运动	知道多世界
文化艺术	电子数码	知道非遗
电脑网络	娱乐休闲	
行政地区	心理分析	
医疗卫生		

图 5-14　百度知道问题分类

（2）题目设置

设置问题时，要把握选材和结构这两方面。

从选材方面来讲，有两种方式。一种是根据关键词设置，比如品牌、产品、服务、当前热点、行业相关、竞争对手等。另外一种是根据消费者购买决策，主要分为问题认知类型，如"看演唱会需要望远镜吗"；寻求信息类型，如"有望远镜专业介绍的网站吗"；比较评价类型，如"**牌的望远镜与**牌的哪个比较好？"；决定购买类型，如"**牌手机多少钱？"；购后评价类型，如"**电脑运行速度怎么样？"。有明确命题并符合用户预期的选材，才能使得问题被更多的人所需要，将产品信息顺利推广。

从结构方面来讲，同样有两点需要把握：一种是保证关键词精准并且在题目中的位置靠前。另一种就是写问题要尽量简短有效，提问方式多样化，尽量避免同样的问题重复出现。

（3）内容编辑

在进行内容和答案编辑时，要注意的有三点：

● 口吻要生活化

遣词造句过于书面化的内容会给人生硬不亲切的感觉，拉远传播者和接受者之间的距离，导致在传播效果上大打折扣。

- 精准明确

无论是提问还是回答，在文字编辑时都要注意信息的有效性，结构清晰内容清楚、针对实际问题的回答往往更容易受到用户的喜爱和采纳。

- 针对不同类型的问题，给出的答案风格要有区分

对于专业领域的问题，比如"糖尿病的患病征兆"，在给出回答时需要注意答案的逻辑顺序合理、内容简明扼要、应用适当的专业性用语和解释，这样的答案往往能够给人更加专业化的感觉，增强用户对答案的信任度和采纳度。对于推荐类、评价类和比较类的问题，比如"**的单反相机哪款好用""**手机怎么样""UI和Java学哪个更好"这种问题，在给出回答时要注意用语尽量生活化，尽量能理论与实际结合，比如通过举自身的应用事例或者身边朋友、同事的例子来增加说服力度，让用户更加认可这个回答。

5.1.5 问答平台营销应用案例

问答推广的方式虽然看似操作简单，但是如果应用得当，效果则非常显著，是一种以小博大的方法，尤其在推动产品销售量提升方面，能起到很大的作用。

例如××团购网的问答推广营销案例，这是一个具有两面性的事件，从好的一方面来讲，其营销推广方法对之后的企业有借鉴和学习的意义；另一方面来讲，其在问答推广的具体操作中也有一些不当之处，因此招致不必要的纠纷，同样值得引以为戒，在以后的问答推广的过程中要有所警醒和改进。

某日，一位网友因为家庭装修需要团购建材，于是通过"百度知道"查询和了解相关信息。经过几天的研究和分析，发现诸多用户纷纷推荐该××团购网，称其为行业中价格最低、服务最好的网站。但是事后，该网友意外在另一家人气团购网站以更加优惠的价格买到了同类产品。后来该网友经过调查做出判断：凡是在"百度知道"里面推荐××团购网好的网友几乎都是商家的职业托儿，这些职业托儿的ID数量非常巨大，反复发布和回答相同的问题，全部指向××团购网。因此，该网友对××团购网站提出诉讼。

先不论此事中孰是孰非，从中不难看出问答推广的威力之大。也提醒了我们，在进行问答推广营销时一定要特别注意多个ID的切换应用，以免招致是非。

除了推广产品之外，还可以通过问答平台提升网站流量。比如2010年春节晚会中，刘谦的魔术受到了全国观众的欢迎和热捧，大家看完节目之后迫切地想要知道魔术背后的原理。某站长了解了大众的这种需求后，马上到问答网站通过自问自答的方式围绕"刘谦魔术节目"制造了若干个问题，并将自己的网址留在了答案之中，第二

天，这些问题就为网站带来了几千个IP的访问量。

可见，无论是推广产品还是具体的某一个网站甚至品牌或企业，把握住用户的求知欲和好奇心永远是成功的关键，在正确分析用户需求的基础上，利用问答平台创造出的更加可信的营销环境，才能够使问答营销发挥出应有的作用。

5.2 百科营销

5.2.1 百科平台介绍

依托于百科网站这种网络应用平台，以建立词条（对各种事物、现象等概念进行解释的条目）的形式进行宣传推广，从而达到提升品牌知名度和树立良好企业形象等目的的活动，即称为百科营销。

5.2.1.1 百度推广的作用

百科推广主要有以下3个作用：

● 辅助SEM

如果经常在百度百科中搜索各种名词（人名、企业名、产品名等）就会发现，往往排在搜索引擎结果第一位的就是百科网站中该词条的页面。

● 提升权威性

互联网上的网站，犹如现实中的百科全书。而在传统的观念中，能够被百科全书收录的一定是具有权威性的。而这种观念也同样被延伸到了互联网中，大部分用户会认为百科网站的资料和内容比较权威。

● 提升企业形象

随着互联网的普及，许多人在接触到陌生事物的时候，会选择先到互联网上进行检索。以一家企业为例，可以搜索的范围包括背景、实力、口碑、信任度等。因此，如果一家企业能够被百科所收录，企业形象自然会有所提升，并且能增加用户的信任感。

5.2.1.2 主要百科网站介绍

国内主流的百科网站有百度百科、搜狗百科、360百科和互动百科。

（1）百度百科

百度百科是百度公司推出的一部内容开放、自由的网络百科全书，旨在创造一个涵盖各领域知识的中文信息收集平台（如图5-15），其依托于百度搜索引擎的海量信息资源和大规模用户数量，截至2016年4月，百度百科已经收录了超过1300多万的词条，几乎涵盖了所有已知的知识领域，更有超过580万网友参与词条编辑。百度百科涉及领域丰富全面，功能性强，其特有的百度百科数字博物馆是百度百科与全国的知名博物馆合作开发的互联网平台，拥有音频讲解、实境模拟、立体展现等多种形式，实现了电脑端和手机端的同步展现，让用户通过互联网即可身临其境地观赏珍贵展品。

图 5-15　百度百科主页页面

（2）搜狗百科

搜狗百科是搜狗旗下的一个百科网站（如图5-16），被视为继"搜狗知立方"后知识搜索产品线上的重要延伸。2013年9月16日，腾讯搜搜并入搜狗，搜狗百科的内容得到更大扩展。不仅如此，搜狗百科还聚合了多家百科、问答类网站的优质数据，知识搜索也融入健康、游戏、旅游等垂直领域问答网站的优质数据，突出了"博采众家之长"的产品特色。搜狗百科较之传统百科，其在技术架构、数据结构化、结果呈现等方面进行了全面优化，信息检索技术上也有所突破，搜狗知识搜索利用了搜索匹配技术，能够增强用户搜索结果的相关度和匹配度。

图 5-16　搜狗百科主页页面

（3）360百科

360百科是一个中文百科（如图5-17），由奇虎360创建，是360搜索的重要组成部分。在内容编辑方面，360百科由专业人士编词条，国内著名的汽车网站"爱卡"、数码网站"中关村在线"、自助游网站"蚂蜂窝"、医学网站"39健康网"等都是360百科的合作伙伴，其部分词条不仅由这些合作网站编辑编写，更在词条页面直接安放相关模块，用户在获取专业信息的同时，可以直接链接到这些专业网站，进一步获取更加详细的信息。此外，360百科的信息具有高时效性和便捷性的优势，页面搜索框下方、词条正文右侧均有十大热门词条的链接，用户无须寻找，只需点入链接即可获取信息。

图 5-17　360 百科主页页面

（4）互动百科

互动百科是全球著名的中文百科网站之一（如图5-18），其致力于为数亿中文用户免费提供海量、全面、及时的百科信息，并通过全新的维基平台不断改善用户对信息的创作、获取和共享方式。这是一部由全体网民共同撰写的网络百科全书。

互动百科以词条为核心，与图片、文章等其他产品共同构筑一个完整的知识搜索体系。每个人都可以自由访问并参与撰写和编辑，分享及奉献自己的知识。

互动百科本着网络面前人人平等的原则，提倡所有人共同协作，编写一部完整而完善的百科全书，让知识在一定的技术规则和文化脉络下得以不断组合和拓展。互动百科新知社为用户提供了一个创造性的网络平台，强调用户的参与和奉献精神，充分调动草根大众的力量，汇聚上亿网民的头脑智慧，不断累积成全人类共同的开放知识库。截止到2016年11月25日，已有11464891位网友共同编写15618272词条。

图 5-18　互动百科主页页面

5.2.2 百科营销平台操作流程

百科推广的操作流程非常简单，一是建立新的词条，二是编辑已有词条。

5.2.2.1 创建新的词条

（1）登录百度网，然后注册新的百度账号（如果已经有足够的百度账号，则可以直接跳过这一步）。

（2）点击搜索栏下方的"百科"入口，然后登录百度账号。并找到创建词条选项（如图5-19）。

图 5-19　百度百科词条创建页面

（3）在搜索框中输入要建立的词条名称，点击"进入词条"或"搜索词条"，在确定词条没有被创建过之后，选择"创建词条"（如图5-20）。

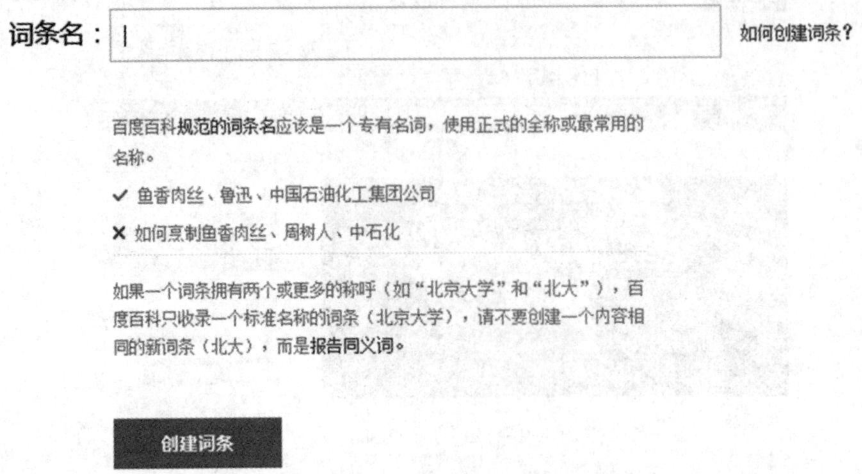

词条名：
如何创建词条？
百度百科规范的词条名应该是一个专有名词，使用正式的全称或最常用的名称。
✓ 鱼香肉丝、鲁迅、中国石油化工集团公司
✗ 如何烹制鱼香肉丝、周树人、中石化
如果一个词条拥有两个或更多的称呼（如“北京大学”和“北大”），百度百科只收录一个标准名称的词条（北京大学），请不要创建一个内容相同的新词条（北大），而是报告同义词。
创建词条

图 5-20　百度词条创建

（4）填写词条目录分类，并使用百度百科编辑器编辑词条，可直接按照页面右侧显示的编辑步骤提示进行操作。编辑完成后，直接点击“提交”选项即可（如图5-21）。

提交
编辑词条模板
搜索模板
搜索
人物
自然
文化
体育
社会
历史
地理
科学
娱乐
生活
确定
欢迎您编辑百度百科！

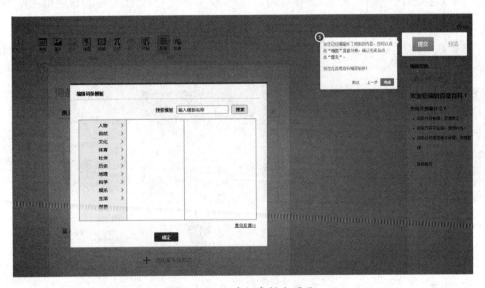

图 5-21　百度词条提交页面

5.2.2.2 对已有词条进行编辑修改

（1）在登录百度页面之后，点击搜索栏下的“百科”进入后，直接登录或者注册百度账号。

（2）搜索选择能够进行编辑修改的词条，之后点击词条名旁边的“编辑”（如图5-22），即可开始编辑词条。如果百度百科已经收录了同名的其他义项，可以点击

义项选择区的"添加义项"。

UI即User Interface（用户界面）的简称。泛指用户的操作界面，UI设计主要指界面的样式、美观程度。而使用上，对软件的人机交互、操作逻辑、界面美观的整体设计则是同样重要的另一个门道。好的UI不仅是让软件变得有个性有品味，还要让软件的操作变得舒适、简单、自由、充分体现软件的定位和特点。UI还有其它的意义，如Unit Interval，Univ of Iowa，Unlock Instruction，Urgent Interrupt。

中文名	用户界面	也　称	人机界面
外文名	User's Interface	性　质	用户和系统进行交互方法的集合

图 5-22　编辑已有词条

（3）增删内容，修正错误。主要可以改正词条里的错别字，补充新资料或者删除冗余的内容，也可以在词条里添加图片、表格、地图等等丰富的内容，另外要给新的内容附上参考资料（如图5-23）。

图 5-23　百度编辑器

（4）预览效果，提交词条。在编辑结束后，可以点击右上角的"预览"看看整体的效果。主要检查一下目录结构是否一致，排版是否美观，如果确认没问题，点击"提交"即可。

无论是建立新词条还是编辑已有词条，在完成编辑内容之后都需要等待一段审核时间。词条版本提交之后，系统会自动进行检查，可以在"待通过版本"中看到已经提交的版本。

版本通过之后，会收到提示，编辑的内容也会成为词条的最新版本；如果版本无法通过，这时候需要依照未通过原因进行修改。

5.2.3 企业百科平台介绍

企业百科是为广大企业推出的权威的网络名片的平台。企业百科是企业在互联网上展示企业信息最直接的表现，也是最直观的方法，更是一种以百科营销为主的创新互动营销工具。企业百科是一项增值服务，开通企业百科后，可获得企业官方资料专属展示模块、词条特型样式、词条导流、无线强化等功能，但企业百科并不为词条编辑付费，在百科创建和编辑普通词条始终是免费的。

企业词条就是网络中的企业名片，方便让用户能够了解企业，在突显企业权威和专业的同时也提升了企业本身的信誉。随着互联网的迅速发展，网络早已是人们日常生活必不可少的生活习惯，当客户在网上搜索公司词条时，看到的不仅是企业的详细介绍，而且是经过第三方权威认证的企业信息，这样就大大提升了公司的品牌专业度和说服力，从而更易于得到用户认可。

国内常见的企业百科平台有搜狗百科和百度百科。

（1）搜狗企业百科

企业百科服务是搜狗百科面向中小企业提供的一项基于百科词条的增值服务，符合资质的企业开通后将享有展示、审核、导流等特权，帮助企业进行品牌管理。在企业机构分类上，主要分为金融、医疗健康、生活服务、旅游、商业服务、农林畜牧渔和机械这几大类，每个类别下还有具体的细化分类，覆盖相对全面。

（2）百度企业百科

百度的企业百科服务于2014年初上线。开通企业百科后，可以获得企业官方资料专属展示模块、词条特型样式、词条导流、无线强化等功能。为了在保证百科质量的同时，最大限度为企业提供便利，百度百科官方提供了成长任务、编辑宝典、贴吧用户互助、申诉人工反馈等渠道方便用户学习和了解百科规则，还与全国组织机构代码管理中心合作推出了企业快速创建通道。

5.2.4 企业百科的营销价值

企业百科作为一种依托于网络平台的企业宣传方式，拥有受众广泛、能够被自主搜索、方式灵活等优势，在当今这个数字媒体技术日益发达的信息时代，企业百科的意义早已不只是一个纸质名片的"电子版"，随着网络技术的发展和大众媒介接触习惯的改变其被赋予了更多价值。企业百科在营销推广方面具有无可替代的价值。主要体现在以下几个方面：

（1）权威性

企业百科借助客观权威的百科平台，有利于建设行业内最具公信力、影响力的行业知识站点。

（2）资源独享

企业不但可以享有"baike.com"域名使用权，打通互联网营销的便捷通道，更有独家行业二级域名使用权，独家行业站点运营权和内容的主编权限，能够借助互联网技术占领行业稀缺资源，塑造行业领先地位形象。

（3）宣传途径多样

企业百科平台具有多方式、多入口的宣传途径，能够有效保障企业品牌的高度曝光，加之分类清晰、内容丰富的特点，和搜索引擎技术相结合，能够将企业信息覆盖到千篇相关文章，百科内容和广告输出的高度匹配能够有效规避受众的商业防御心理，起到更好的送达效果。

（4）移动端同步更新

企业百科不但能够实现PC端与移动端内容同步更新、实时互联互通，而且同步生成的百科APP更能抢占移动市场先机。

（5）用户价值

企业百科针对用户对某一行业的信息需求，提供系统、全面、权威、专业的信息知识，内容丰富、分类清晰，能够使用户省时省心，一站式简单、快捷学习知识，分享知识，为用户提供便利的同时，更容易取得用户的认可，从而达到宣传效果，树立良好的企业形象和品牌形象。

5.2.5 创建有效词条

百科词条即百科条目，为百科的基本组成单元。词条一般由词条名、名片、正文内容、内链、参考资料、标签等组成。作为网民获取信息的重要来源，百科词条也有一套维护标准的编撰规范。

虽然百科推广的操作步骤简单，但是想让词条顺利通过管理员的审核并不容易，其对词条内容具有一定要求，因此需要掌握一些技巧才能有效地创建词条。

下面以百度百科为例，详解创建企业百科的注意事项：

（1）学会使用编辑助手

创建词条的内容越专业，通过的概率就越高。而想要创建高质量词条，就要学会应用百度百科提供的"编辑助手"这个强大的辅助功能。

在进入百度百科的创建词条页面后，单击导航中的"编辑助手"选项，进入"目录模板"（如图5-24），根据要编撰的词条找到最合适的分类，然后参考系统给出的目录模板与示例词条进行编辑。

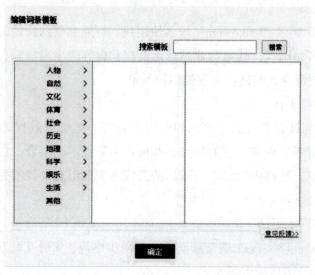

图 5-24　百度编辑词条模板

（2）注重词条内容的可读性

原创词条一定不能是毫无意义的词汇，且词条的语言文字要具有一定的专业性、可读性。要尽量多制作一些知识性的内容信息，一般公司名称、人名、产品名称这类词条都比较好编辑。百科词条要特别注重内容价值，切忌胡编乱造。粗制滥造的词条内容，一般很难通过系统审核。

（3）提高内容原创性

如果是编辑已有词条，内容应该是对原有词条的补充，比如修改过时的内容、添加新的内容等，而且信息要比原内容更加专业，更具可读性，千万不要写一些与词条关联性差甚至是风马牛不相及的内容。如果是找到了原有词条中的错误并加以改正，那么通过率会非常高。

最容易挑错的有两种：一种是找错别字，这个关键就是要细心，专心认真地检查词条内容，即使是修改个别错字和词语也可能通过审核；另一种是排版问题，对于那些通篇字体一样，甚至不分段落杂乱排版的词条，在按照明确清晰的格式重新正确编辑之后，通过的概率几乎可以达到100%。

如果词条中没有图片，为其添加相关图片也是一个非常容易通过的方式，如果有一定的美编功底，可以尝试在图片中植入广告。另外，还可以添加词条链接，即在内容中添加指向其他百科词条的网站内部链接，用这种方式进行内容补充的通过率也相对较高。

（4）内容中不能添加明显的广告信息

在编辑词条时要注意，如果词条中存在明显的广告信息或者疑似广告信息，比如过分强调公司名称、产品名称、人名等，几乎都不会通过审核。

如果实在需要植入广告，需要注意方法，尽量不留痕迹地加入广告信息。比如，可以采用在词条的"参考链接"或者"扩展阅读"中加入链接。一定要注意，链接的内容必须与词条高度相关，同时还要注意描述的填写，即文章名也要和词条具有一定相关性。

切记不要大量地编辑词条和添加链接，否则会让系统对你的账号和网址高度敏感；也不要纯粹为了添加链接而编辑词条，要注重完善词条内容和知识分享，所添加的链接、参考资料和扩展阅读都要与内容高度相关。

（5）提升账号的等级和通过率

对于高质量的词条，只有账号等级和通过率达到一定指标才可以编辑，所以平时要注意多培养几个高级账号，要多编辑正常的内容型词条，以此来增加等级和通过率。如果一个词条编辑了三次以上都没有通过，那么最好换账号或者换方法进行编辑，或者重新选择词条进行编辑。

5.2.6 企业百科创建常见问题

越来越多的企业购买企业百科，但是，企业百科付费内容中不包含代编服务，仅有编辑指导服务。虽然其保证指导直至词条上线，但是，在内容编辑的过程中，仍然有一些常见的问题会影响到词条的质量和通过率，以下提供几条比较实用的企业百科创建技巧：

（1）内容编辑

●基本信息

这一栏要尽可能简洁明了地体现出企业基本信息，此类信息可参考上线模块的工商局备案信息，一般包括企业名称、注册资金、总部地址、创始人等信息。

●目录企业概况

和概述在内容上相差不多，就是要介绍企业的主要信息，如果觉得和概述重复，可以不要目录。

●发展历程

主要功能是介绍企业发展情况，一般以时间年表的形式，客观描述。基本格式可以是：时间+主要事件，按照时间节点将主要事件提炼要点罗列出来。

●主要业务

这是介绍公司主要的业务方向和内容，或者能提供什么服务，这一栏务必要客观描述。主要产品这一项，如果是软件生产公司，可以写公司产品，但是仅仅提供产品名称即可，要避免主观性、宣传性介绍产品。

● 管理团队

需要介绍创始人或者主要管理层人员，同样是尽量简要介绍，避免主观宣传，如果人物有相关词条，可以在该人物名字后设置内部链接。

● 企业荣誉

需要注意，企业荣誉必须要提供权威可信的参考资料。

● 公司发展

可以介绍重要的项目、合作、并购等。

（2）图片添加

一般为了使得企业词条的描述更加具体客观，内容更加充实，在编辑词条的过程中往往会选择适当添加图片，而图片的编辑添加则需要注意：如果想要加入地图，必须保证这个地点是被百度地图收录的，才能进行添加；适当设置图册，设有图册的位置可以同时收录多张图片，节省空间使得版面更加简洁美观的同时加大了信息量；添加图片时要尽量避免主观宣传性的或者带水印的图片。

（3）内部链接设置

如果内容中的某些名词需要进行进一步解释说明，则可以设置内部链接，但是要注意百科词条的内部跳转，即只支持百科有词条的跳转，没有词条就不能设置内部链接。

按照上述的技巧进行词条编辑，在使得企业词条清楚明了、逻辑性强的同时，能够提升审核通过率，减少时间成本，高效完成词条设置。当然，具体操作过程中的偏差和审核系统问题也可能会导致审核不通过。如果编辑的词条未通过，可以通过线上投诉平台进行投诉，百科首页右下角的"投诉建议"下方有未通过词条申诉按钮。企业百科用户也可以直接给企业百科发送咨询的邮件，一般能够很快得到解决。

5.3 文库营销

5.3.1 文库营销简介

文库自从出现以来就成为网络营销的重要方式之一，文库营销主要就是指企业将与企业业务内容相关整理的或者原创的内容，编辑加工成文档之后上传到文库中的一种推广营销方式。在具体操作的过程中，可以选择在文档中加入企业LOGO或官网链接，也可以通过认证为企业官方文库平台的方式对企业进行宣传。国内的主要文库就是百度文库、豆丁文库和道客巴巴，其中以百度文库的内容信息量、应用率和权威性最高，道客巴巴和豆丁文库也都是比较主流的文库，不过相比于百度文库而言，搜索权重略低一些。

5.3.1.1 主流文章分类

（1）百度文库

百度文库是百度发布的供网友在线分享文档的平台（如图5-25）。百度文库内容专注于教育、PPT、专业文献、应用文书四大领域，文档包括教学资料、考试题库、专业资料、公文写作、法律文件等多个领域的资料。截至2016年9月，文库文档数量已突破1.6亿。百度文库的文档由百度用户上传，但需要经过百度的审核才能发布，自身不编辑或修改用户上传的文档内容，网友可以在线阅读和下载这些文档。百度用户上传文档可以得到一定的积分，下载有标价的文档则需消耗相应积分。

图 5-25　百度文库主页

（2）道客巴巴

道客巴巴是一个专注于电子文档的在线分享平台（如图5-26），用户在此平台上不但可以自由交换文档，还可以分享最新的行业资讯。道客巴巴在文档审核方面有严格的规定和程式化的审核流程，以保证文档来源的合法性，并且非常重视知识产权的保护，任何有可能引起知识产权纠纷的文档，网站均不予收录。同时，道客巴巴采用了行业领先的文档加密及保护技术，最大程度上保证用户上传的文档的版权不被非法侵犯，是一个安全性较高的文库网站。

图 5-26　道客巴巴文库主页

（3）豆丁文库

豆丁文库是全球最大C2C中文文档分享平台（如图5-27），拥有超过4亿份的应用文档和书刊。其优势在于审核机制更加严格，而且聚焦于专业或学术性领域的信息，更加精专化。除此之外，豆丁文库独创"豆丁书房"这一功能，用户可以把自己想要学习的东西同步到手机、Ipad等移动设备上，方便随时随地进行阅读学习。

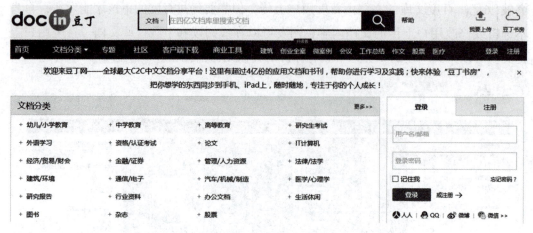

图 5-27　豆丁文库主页

5.3.1.2 文库编辑上传流程（以百度文库为例）

（1）登录百度网之后，选中搜索栏下方的"文库"选项，打开文库以后直接选中"上传我的文档"（如图5-28）。

图 5-28　百度文档上传

（2）选择页面弹出的窗口中的"立即注册"填写个人信息，如果已经有百度账号，则跳过这步，直接登录自己的账号进入个人主页即可（如图5-29）。

图 5-29　百度文库账号主页

（3）选择"上传我的文档"，弹出窗口后，选择之前编辑好等待上传的文档，并点击"保存"。

（4）在上传文档的同时，可设置上传的文档在别人下载时需付的财富值（如图5-30），如果是以大规模推广为主要目的，那么设置"免费"是最好的办法，因为可以吸引尽可能多的人来阅读下载。如果也想要赚取财富值的话，就要设置一个相对合理、易于接受的数值，不要过高。

图 5-30　百度文档编辑页面

（5）设置隐私，如果是想通过上传的文档来赚取财富值的话，那么就选择"公共"，如果选择"私有"那就只有自己能看见。设置完成后选择"提交信息"完成上传。

5.3.1.3 文档编撰规则

需要注意的是，上传的文档必须符合百度文库的要求，如果不符合，那就不能上传成功。而且如果出现多次上传内容违规的情况，文库账号会被短期或者永久性地封禁，所以了解文档内容编撰规则很有必要，主要有以下几条：

（1）每次最多上传20份文档，每份不超过20M（TXT不超过10M），支持大多数文档格式。

（2）如果上传内容涉及侵权问题，文档则会被移除。

更加详细的规定以"文库协议"和"用户规则"为准。

5.3.2 文库营销的价值

文库实际上是一个非常好的营销渠道，例如百度文库上的知识内容很容易获得，只要设置为免费分享，那么就能够被其他人轻松地下载并使用，这样就能够让广告信息被宣传出去，从而有效地降低推广成本，同时还能够提升广告的吸引力和认可度，毕竟从百度文库获取的内容，其可靠性往往更容易被消费者接受。对于用户来说，文库能够获取到的信息量比较大而且系统化，因此文库和问答平台、百科平台具有差别性的功能和用户群体。

文库是一个相对长期有效的营销方式，不会像百科提问那样被很快刷新湮没，只要把文档内容做好或者选择投放在一个权重相对较大的文库，从而获得一个好的排名，那么浏览用户将会是源源不断的，在很长一段时间内都会被人搜索到。文库营销的用户基础、低成本、长期有效的特点都使其在营销推广中能够发挥很大的价值。

5.3.3 提升审核通过率的六大技巧

文库内容只需根据企业实际情况、用户需求和所选内容的领域进行编撰即可，自由度和可控性都较高，而这份文档最终能否通过审核成功上传，并被更多用户看到和下载，才是文库营销推广是否成功的关键所在。虽然审核是系统内部自主进行的，没有办法控制和修改审核结果，但是如果在进行文库内容编辑时掌握以下六个技巧，一定会有利于审核通过率的提升，让文档顺利上传。

（1）避免使用单个账号进行推广

切记不要只用一个账号进行推广，最好申请多个账号。因为如果提交次数过多，而文档不被通过的话，该账号的信用就会降低，严重的话甚至会删掉该账号以前发布的文档，因此，最好多申请几个账号。同时，同一个账号不要发布相同内容，这样意图过于明显，容易引起系统注意而导致文库账号被封禁。尽可能多地注册账号具有两个好处，一个是能够提升在文库的上传数量，另一个就是有助于提升在文库的通过率。一般来说需要超过60个注册账号，目前像百度文库的注册账号还是免费的，所以不需要担心费用的问题。另外在上传时，可同时采用多个账号上传，当然其上传的标题要不一致，否则会提示上传相同的内容，而这些标题虽然不同，但是标题的核心思想应该保持一致，否则就有牛头不对马嘴之嫌。这样可以提高通过率。

（2）文档内容不要过于冗长

文档内容长度并没有一个绝对客观的标准，不过建议保持在3~6页的区间。因为太过冗长的文档会引起系统的格外注意，增加对关键字的检验程度，而且也容易引起读者的反感，导致很少有人能看完。但是太短，有时也会被系统认为文章不完整拒绝，因此控制文档的长度很有必要。另外，如果想要推广关键词，提升上传文件的曝光率，那么利用一些其他热门搜索的内容进行上传是有必要的，当然要注意内容的重新编写，对此首先要下载相关热门关键词的文库内容，然后将这些关键词更换成公司的关键词，然后修复内容的通顺度，最后再通过多个账号进行上传。

（3）内容中尽量不要插入链接

如果文库账号等级不高，不要插链接，否则是没有办法通过系统审查的。当然不是绝对不能插入链接，而是要注意选择恰当安全的插入链接的位置，比如页眉或者页脚。还有一种方法就是采用图片格式上传网址信息，这样会更容易被通过，比如在解释相关内容名词，需要引入拓展链接时，就可以采用图片格式的网址插入其中。这样虽然没有了超链接的效果，但是也能够为产品或者企业起到一定的宣传。

（4）内容不能直接插入QQ或者联系电话

如果加上QQ或者联系电话这样的信息，就有非常明显的广告意图，肯定是没有办法通过系统审查的，如果要留联系方式，可以尝试采用把QQ号码或者手机号码写成中文的方式，相比于直接留下数字信息，通过率会有所提升。

（5）内容质量要注意

文库推广需要用户提供稀缺和高质量的内容，如果是直接从网上抄袭转载的，或者简单地把其他人完成的文档拼接在一起，肯定没办法通过。所以内容以高质量的原创为最佳，如果没办法做到完全原创，至少在原有内容的基础上再结合一些新的资料、数据等进行修改，如果能做到图文并茂的话，通过率非常高。

（6）制作文档专辑

这对于提升文档的排名具有非常重要的作用。所谓文档专辑就是将一类文档发布到同一个文件夹中，而这个文件夹要采用一个专业的名称来命名，这对于提升文档的共享率具有一定的效果，因为当用户查看一个问题时，往往还需要从其他方面来分析，那么一个专辑上的其他文档就有被用户下载的可能，这自然就更加有利于企业品牌的宣传。

5.3.4 排名技巧

文库营销能否达到不错的效果，取决于文章的阅读量和下载量，也就是受众对于文章的喜爱和采纳程度，而这两者又会影响到文章的排名，排名越靠前越容易被用户搜索到。这三者之间形成一个循环关系，这也就证明了如何做出让用户满意的文章，获取好的排名是文库营销成功的关键之一。以下是提高排名的具体方法和技巧：

（1）文章标题要突出关键词，并做好长尾词

在编辑一篇文章的时候，首先要做的就是对标题进行分析，分别搜索标题中的几个关键词，哪个关键词的排名更靠前、搜索热度更高就用哪个关键词来写长尾词（网站上非目标关键词但也可以带来流量的关键词）。比如一篇关于"'优就业'IT培训费用"的文章，"优就业"和"IT培训"这两个词中就要选择搜索排名靠前、热度较高的那个作为核心关键词。接下来就要编辑长尾词，比如"中公优就业项目费用""IT培训主要课程"等，长尾词一定要和选择的关键词搭配。长尾词越新颖有效，和关键词匹配程度越高，和其他文章的区分度就越高，从而降低了同质竞争的难度，容易在同行业的文章中取得较好的排名。如果关键词不加长尾，在搜索引擎中的表现就会很不乐观，原因就在于单纯的一个关键词，重复率太高竞争大，而排名靠前的文章往往来自于权重高的网站，一般权重较低的网站文章都不会有太靠前的排名待遇。

（2）将文章重点作为标题

文章中的某一句话如果是全文的重点的话，则非常有可能被用户拿来作为搜索的语句。如果找到这样的语句作为标题，那么一旦有用户搜索这句话就等于直接搜索了该文章标题，毫无疑问这肯定会提高文章的排名。

（3）加强关键词在内容中的密度

关键词不单单要在题目中体现，也要在内容中合理适度地穿插出现，起到强化的作用，突出文章的核心。当然这并不是说，关键词在文中出现的次数越多越好，相反的，如果关键词在文章中的密度过度集中会被系统怀疑为作弊行为，所以关键词使用的次数要把握一个度，一般几百字的文章中出现三到四次，每个关键词间隔几句话的内容，是比较合适的频率。

（4）文章重点内容醒目突出

举个简单的例子，一篇文章至少会包含三段，那么这三段中最靠近核心主旨的那一段即为重点，在进行文章格式编排的时候要突出这一段，并且要格外注重这一段中文字的逻辑布局。最好是能够使文章中的每一段之间都有一定的衔接性和逻辑性，让文章整体结构更加清晰，提高可读性，然后在处理重点段落或者重点语句的时候，可以通过改变字体、加粗和加深颜色来起到突出的效果，这样重点突出的文章不仅读者会更加偏爱，系统在进行排名时也会做出相对优先的选择。

总而言之，好的推广效果要靠好的排名来争取，排名则来自于用户和系统的选择和认可，而这一切的最重要影响因素之一就是内容。在掌握关键词和长尾词编写、文章题目突出、内容重点鲜明等技巧之外，还是要增加内容中的"干货"，注重实用性，以及增加原创性，切忌直接照搬其他文库或网站的文章和不加修改地东拼西凑。

本章小结

　　日常生活中，每个人大概都有过在百度知道、天涯、知乎参与自己感兴趣的话题，在百度百科、360百科、新浪爱问搜索自己不懂的问题，在百度文库、豆丁、道客巴巴查找资料的经历，甚至已经成为一种习惯，但是可能很少有人关注到问答平台、百科和文库这些知识类平台的营销功能。这既说明了，在当今这个数字化媒体技术迅速发展、网络普及率和应用度不断攀升的信息化社会，运用多元化的符合用户习惯的网络渠道进行产品及品牌推广是网络营销的必然趋势，又说明了知识平台营销作为一个可以长期进行的推广手段，随着网络技术的发展和用户习惯的改变，还有其提升的空间，值得我们去探索与研究。

视频讲解

第6章
博客、微博营销

6.1 认识博客与博客营销

6.1.1 博客的历史

博客（blog）是一种由个人管理、不定期发布新的文章、图片或影片的网页，它的主要用途有写网络个人日记、时事评论、网络交友、学习交流等。博客上的文章通常根据发布时间，以倒序方式由新到旧排列。一个典型的博客结合了文字、图像、其他博客或网站的超链接，以及其他与主题相关的媒体。

1993年6月，最古老的博客原型——NCSA的"What's New Page"网页面世，主要是罗列Web上新兴的网站索引，这个页面从1993年6月，一直更新到1996年6月。

1997年12月，Jorn Barger最早用weblog这个术语来描述那些有评论和链接，而且持续更新的个人网站。

1999年，Peter Merholz以缩略词"blog"来命名博客，成为今天最常用的术语。

2001年9月11日，世贸大楼遭遇恐怖袭击，博客成为分享和交流信息的重要平台。从此，博客正式步入主流社会的视野。

2002年，博客作为一个新型的个人互联网出版工具开始引入中国。7月，blog的中文"博客"由方兴东、王俊秀正式命名。8月，方兴东、王俊秀开通博客中国（blog china）网站。

2005年3月，腾讯推出自己的Q-Zone。随后，新浪、网易纷纷推出自己的博客公测版。从此，博客开始了在国内的快速发展。

从以上发展历程可以看到，博客从出现至今已经有二十多年的历史了，在互联网发展史上有着相当重要的地位。大体上它的历史可以分为四个阶段。

● 第一阶段（90年代中期—90年代末期）是博客的启蒙期

博客的源头说法并不统一，其中不得不提的是Pyra（Blogger.com的前身），这是一家小软件公司，三个创始人为了开发一个复杂的"群件"产品，编写了一个小软件，以博客方式保持彼此的沟通与协同。后来，他们觉得这个简单的小工具对别人也很有用处，于是，1999年8月，在网上免费发布了Blogger软件，从此许多人利用这个软件进入博客队伍，并一发不可收拾。

这个阶段主要是一批IT技术迷、网站设计者和新闻爱好者，不自觉、无理论体系的个人自发行为，还没有形成一定的群体，也没有具备一种现象的社会影响力。在悄悄演变的过程中，也有一些事件和人物起到了非常关键的启蒙与带头作用，为博客革命创造了条件。

● 第二阶段（2000年—2006年左右）是博客的崛起期

2000年后，博客开始成千上万涌现，并成为一个热门概念。在博客发展史上，美国9·11事件是一个重要的时刻。正是这场恐怖袭击，使人们对于生命的脆弱、人与人沟通的重要性、最即时最有效的信息传递方式，有了全新的认识。一个重要的博客门类——战争博客（WarBlog）因此繁荣起来，可以说对9·11事件最真实最生动的描述不在《纽约时报》，而在那些幸存者的博客日志中；对事情最深刻的反思与讨论，也不是出自哪一个著名记者，而是在诸多的普通博客当中。

这些博客的影响力，早已超出了某一个人、甚至作为自己所在行业的原有范围，开始引起主流媒体的强烈关注，博客崛起对传统媒体的冲击已初步显露。同时，各个专业领域的博客如雨后春笋，纷纷涌现，越来越成为该专业关注的焦点。除了美国，英国、匈牙利、德国等欧洲国家的博客也形成声势。亚洲，包括中国也感受到博客的脉动。这一阶段，博客成了互联网萧条时期最重要的新现象之一，为全社会所关注。

● 第三阶段（2006年—2010年）是博客的发展期

到2006年后，博客作为一种新的媒体现象，其影响力逐渐扩大。作为一种专业领域的知识传播模式，它能帮助优秀博主成为该领域具有影响力的人物。同时，作为一种社会交流工具，博客成为人们沟通和交流的重要平台。

● 第四阶段（2010年至今）是博客的衰退期

2010年初，微软、MSN在全球关闭了Spaces博客服务，影响了三千万的用户。2002年创建的中国博客网也在2012年底正式关闭所有免费博客并清除免费用户全部数据。如今，新浪、网易、搜狐等公司的博客业务依然在发展。虽然已经有许多用户转移到微博和朋友圈，但是博客目前在新闻传播、搜索引擎营销等方面仍然有一定优势。

6.1.2 博客营销简介

博客营销是企业或者个人利用博客这种网络平台，通过博文形式进行宣传展示，从而达到提升品牌知名度、促进产品销售等目的的活动。比如通过群建博客的方式增加网站外部链接，辅助SEO/SEM等。

博客营销所侧重的是消费者沟通、品牌打造、概念预热、市场前期调查、新产品测试、媒介关系处理、公关辅助等。

早在2006年，全球著名的微处理器厂商AMD公司就正式宣布签约国内著名演员徐静蕾，并在其博客投放广告，她也正式成为AMD公司大中华区移动计算技术品牌的形象代言人。而AMD看中徐静蕾的，除了其作为演员的知名度之外，更看中其在博客上的超高人气。一向以创新作为企业竞争法则的AMD，开展了一场以博客营销为主导的网络营销。

徐静蕾超过一千万的博客点击率使得其成为个人化媒体中最引人瞩目的明星之一，同时也拥有一大批忠诚的网络读者，而这些读者大都是素质高、文化知识高、同时具有一定小资气质的人士，这一批人正是AMD所要影响的消费群。AMD选择徐静蕾博客进行营销推广，不仅仅是开创了一种全新的营销模式，更是精准地圈定了一批特定消费群，这种精准化的营销正是许多企业希望达到的。

6.1.3 博客营销的特点

（1）博客是一个信息发布和传播的工具

博客具有知识性、自主性、共享性等基本特征，这也决定了博客营销是一种以知识资源（包括思想、体验、评论感悟等表现形式）为基础的网络信息传递形式。

（2）博客的内容题材和发布方式更为灵活

企业网站的内容和表现形式往往是比较严肃的，而博客文章内容题材和形式多样，因而更容易受到用户的欢迎。

（3）博客传播具有更大的自主性

与门户网站发布广告和新闻相比，人们可以完全按照自己的方式在博客上发布和传播信息，而且每一篇文章都有一个独立的网页，这样使得博客文章具有长期被用户发现和阅读的机会。

（4）博客的信息量更大，表现形式灵活

与供求信息平台的信息发布方式相比，博客完全是用中立的观点来对自己的企业和产品进行推广，与供求信息发布的表现形式完全不同，博客文章在一定意义上可以说是一种公关方式，只是这种公关方式完全是由企业自行操作的，而无须借助于公关公司和其他媒体。

（5）博客文章更正式，可信度更高

比起一些充斥着大量广告和灌水帖的论坛，博客的文章质量相对较好。专业的博客网站用户数量大，有价值的文章通常更容易迅速获得大量用户的关注，信任感高过一般的企业网站。

（6）博客是搜索引擎优化的重要工具

博客中的标题、简介、内容等都可以成为一种关键词，这些也可以是SEO优化的一个内容，这些方面做得好的博客更容易获得排名。

6.1.4 博客营销的本质与独特优势

博客营销的本质在于通过原创专业化内容进行知识分享，争夺话语权，建立信任感与权威性，形成博客品牌，进而影响用户的思维和行为。

博客营销的优势主要表现在：

（1）细分程度高，定位精准

博客的主体通常都是个人，其主要体现的是一个人的兴趣、思想、观点、知识等，而由于受众群体的不同，所以博客的细分程度非常高，具体的主题和内容千差万别。大家能想到的和想不到的领域都有相关博客，其细分程度远远超过了其他形式的媒体。博客的主题定位越明确，吸引来的人群就越精准，广告的定向性也越好。

（2）口碑好，可信度高

每个博客都拥有一个相同兴趣爱好的博客圈子，而且在这个圈子内部博客之间的相互影响力很大，可信程度相对较高，因此可创造的口碑效应和品牌价值非常大。虽然单个博客的流量绝对值不一定很大，但是受众群明确，针对性非常强，单位受众的广告价值自然就比较高，所能创造的品牌价值远非传统方式的广告所能比拟。博客受用户信赖是因为博客中的内容大多是个人观点的表达，正如在现实世界中一样，消费者更愿意相信真实用户的建议。绝大多数网民宁愿相信博客发布的消息，也不相信商业网站发布的新闻。据有关调查显示，博客在用户层面的可信任度要高于社区广告、电视广告、电子邮件。

（3）传播性价比高

相对于其他营销方式来说，博客营销的成本非常低廉，甚至可以接近零成本。最省钱的一种解决方案是在新浪、搜狐等博客平台申请免费博客，然后指定企业内部人员自行维护。广告客户通过博客口碑营销不仅可以获得显著的广告效果，而且还会因大胆利用互联网新媒体进行营销创新而吸引更大范围的社会人群、营销业界的高度关注，引发各大媒体的热点报道，这种广告效果必将远远大于单纯的广告投入。

（4）有利于长远利益和培养忠实用户

前面说过，博客营销的本质在于通过原创专业化内容进行知识分享，争夺话语权，建立起信任感与权威性，形成博客品牌，进而影响用户的思维和行为。而要想达到这一目的，需要在长期执行过程中不断积累和沉淀。所以博客营销突出的是长期利益，其策略是通过长时间与用户互动交流，培养忠实用户，再运用口碑营销策略，激励忠实用户向他人做口碑宣传。

（5）角色的转变

在传统营销模式中，营销人员一直处于被动地位，要被动地依赖媒体，被动地接受媒体制定的规则。而有了博客后，营销人员终于可以脱离传统媒体的束缚，拥有了主动权，可以变被动地依赖媒体转向自主发布信息。

6.2 博客营销策略

6.2.1 内容管理策略

（1）确定内容主题

博客营销必须专注，只专注于所从事和擅长的领域。定位一定要准确，明确定位一个主题即可。比如企业是做公务员培训的，那么主题自然就是公务员考试相关的内容。事实证明，企业这么定位是可以增加订单或者提高知名度的。当然，也可以在每一篇博文定一个小主题。

（2）拟好标题和找准切入点

标题拟得好能吸引别人点击。当用到品牌名时，可以用没有争议的简称。标题也要尽量围绕关键词选取。确定标题后，寻找一个切入点将中心思想引导出来。将读者关心的话题和想要表达的理念融到一起，如果开门见山地直接说自己的技术或者优势，显得过于生硬，广告意味太浓，不容易引起读者兴趣。

（3）选择合适的素材

素材选取得当，可以激发读者兴趣，还可以让文章更加翔实、生动。一般可以利用故事、案例或是热点话题、临床数据等素材吸引读者，通过对案例或数据的分析，提出产生这种现象的原因或问题出在哪里，这时要尽量抓住读者的心理，从读者最关心或最担心的地方入手，然后引出公司的解决方案，这样会为企业带来直接的流量和口碑。

（4）内容形式多样

不同的读者群体有不同的阅读习惯，故在博客内容形式上，可以根据文章分组或者类型，采取图文、视频等多样化的形式。比如读书栏目的读者可能更中意纯文字，更喜欢文字中获得美感的过程。

（5）坚持原创

博客上如果都是转载的文章，读者的阅读兴趣不会太高，对企业品牌的宣传效果不佳。大多数人心理上更倾向于接受原创性的文章，所以企业应该保证一定量的原创内容。企业的重大新闻、新产品介绍、行业专业知识等都是内容的源泉。另外，还可以跟行业内的专家、学者约稿，以保证文章的质量。原创内容最好可以与时事贴近，如2015年8月天津化学品仓库爆炸事件，博客中有人贴出"最帅的逆行"，短时间内获得大量网友转发。

（6）更多内容推广

添加与本文相关文章的链接，既能提高用户体验度，又能增加网站访问量，还能提高文章相关性（如图6-1）。

想了解更多IT知识，更多就业知识可关注
优就业官网：http://www.ujiuye.com/
在线学习：http://xue.ujiuye.com/
优知知识库：http://zhi.ujiuye.com/
优就业招聘信息：http://pin.ujiuye.com/

图 6-1　博文底部相关文章推荐

6.2.2 网络工具使用策略

博客的使用工具很多，在此主要介绍以下三种。

（1）BlogDown

为了防止新浪博客网站出现故障，例如关闭、密码被盗、无法登陆、数据丢失等，博客用户应该定期备份自己的博客。利用博客备份工具BlogDown可以轻松完成博客的备份工作。

利用BlogDown只需要三个步骤，就可以完成博客的备份。首先，填写博客用户名；其次，下载备份；最后，导出博客文章。这个备份工具不需要用户登录博客网站，所以它可以备份任何一个公开的博客。

（2）WordPress

WordPress是一种使用PHP语言开发的博客平台，用户可以在支持PHP和MySQL数据库的服务器上架设属于自己的网站。也可以把WordPress当作一个内容管理系统（CMS）来使用。

WordPress有许多第三方开发的免费模板，安装方式简单易用。如果要制作一个自己的模板，则需要有一定的专业知识，至少要懂得HTML代码、CSS、PHP等相关知识。

WordPress官方支持中文版，同时有爱好者开发的第三方中文语言包，如wopus中文语言包。

（3）Z-blog

Z-blog是由Rainbow Soft Studio开发的一款小巧而强大的基于ASP平台的blog程序，特性包括：

- 支持主题、插件等功能和配置，打造个性化博客。
- 支持Access+MYSQL双数据库，可实现静态化、伪静态、动态页面。
- 广泛支持IE、Chrome、Firefox、Opera、Safari多种浏览器。
- 拥有移动版博客，支持智能手机管理以及离线写作软件。

6.2.3 人际传播特征

人际传播，一般是指人们相互之间面对面的亲身传播，所以又称面对面传播，人对人传播。简单而言，人际传播是作为社会个体的人与人之间的交流活动。随着传播技术的发展，人际传播超出了面对面传播的限制。文字产生以后，为人际传播在空间和时间上提供了很好的传播媒介，而博客的出现为人际传播提供了更方便的传播媒介。

博客的传播不单是简单地发表个人日志，还可以在其他博客上对博主的文章进行评价，在博主的博客上留言，给博主发信息纸条，可发论坛，还可以组建或加入博客圈来进行更广泛和有深度的交流。博客作为个人网络交流媒介，对人际传播起到了很好的促进作用。相比于E-mail、BBS、QQ等交流媒介，博客更具有便捷性。因为如果要通过E-mail、BBS、QQ等进行交流必须知道对方的通讯地址才能进行，而博客则可以通过互联网的搜索引擎进行搜索，这对于那些名人博客、企业博客尤为有效。

（1）传播匿名性

匿名性是网络传播的普遍特征之一。所谓匿名，不是说没有名字，而是指传播双方隐去了现实中全部的或部分的真实身份，包括法定的真实姓名、住址以及其他与个人身份、社会角色相关的一切属性信息，通常交往双方互不认识。

博客的虚拟性带来使用者的匿名性和不在场性对网络人际传播起到了极为关键的影响。人们通过拟定自己的网名这一虚拟身份与其他网友交往。它为人们提供了卸下现实身份（性别、年龄、职业、财富等）而自由发言的安全心理场，人们容易放下心理戒备，并抛下日常生活和社会规范的重负。同时，传播双方在心理上也是平等的，可以彻底放松身心，而交流的想象力量则得到充分发挥。因此，网络人际传播在为人的心理和感情方面提供高质量的交流更有可能。

当然，匿名的屏障作用也可能给人际传播带来不利的影响，使人际传播的公信力降低，也使某些行为沦落为低级的游戏。通常认为，这种主体真实身份的隐匿或丧失，正是网络人际传播与在日常现实中大相径庭的根本原因。

（2）传播范围的广泛性

在传统的人际传播过程中，一个人所能延展的人际关系广度、所能结成的关系数量都有相当的局限性。相反，无限开放性的博客网络社会带来的是网络交往的广泛性，在理论上可以达到全球性，不同种族、国家、地区、不同身份与文化背景的人之间交流机会增加了。博客网络人际传播在以电子速度突破地域的、时间的边界同时，从客观上部分地打破了社会的、文化的、心理的那些有形与无形的种种传播障碍，使交往对象变得无限广阔。

（3）传播者的多变性

在一个网络社区里，参与者来自五湖四海，人数众多。人们常常穿梭在不同的社区之间，偶然地与他人产生交集。在此情形下，人际传播方式既有传统的一对一、一对多，也有多对一、多对多，总体上呈现为多对多的模式。换句话说，每个人都可以在这个模式的某个节点上以自己的方式，从自己的道路出发，自主而又偶然地找到想找的博客。

有时，偶然性带来的传播关系、传播方式和人际关系的多变性和多边化，正是人们在网上所需要的一种乐趣。在交流中每个人具体的传播目的、动机也将更加多变，变得不明确或比较灵活，因而博客需要针对具体的对象、情境和对象的反应及时调整具体的传播内容、方式方法与技巧。

（4）传播目的无功利性

这里的无功利性，是指人们在博客的人际传播中并不求得现实的利益或物质意义上的有利性。因为，由于虚拟性，博客人际空间并没有与物理现实完全连通，通常的社会权力结构和其他制约要在博客中直接发挥作用几乎不可能。换言之，现实干预的困难使人们更容易超脱于日常的现实关系。

网络主体的匿名性带来了种种不确定性和非连续性，这种陌生人关系使人主观上无法完全抛却全部的戒备。进而言之，它也是一种松散性人际关系，即交往双方一般不存在日常现实上的接触和利害关系，因而也没有必要抱有明显的功利意识或实用目的。这使得交往双方更加自由和放松，更加看重交往的过程而不是结果。在此，传播的目的不在于影响或劝服，而主要是信息、态度和情感的交流与分享。

6.2.4 长期维护策略

企业网站创建博客主要有两个目的：一是增加品牌知名度；二是为网站带去流量及做外链。博客创建后，就要开始培养人气，增加博客权重。博客需要长期的维护，坚持下来，才会有效果，把各项细节问题处理好，浏览量和点击量自然会增加。因此，可以从以下几方面入手：

（1）更新博文

经常更新是博客维护的关键手段。每日的博客文章更新数没有固定要求，但一定要保证每日均有内容更新。博客后台流量统计显示，一般上午10点浏览量较高，故建议尽量上午更新博文，增加阅读量。

更新时需注意：①每篇博文都要设置好分类，加入标签，这样会让读者阅读体验更好。②经验表明，汇总类的文章相对阅读量较高。③博客具有较强的时效性，若想更新时效性很强的文章，可以考虑提前不超过一天做，或者当天做。④字号一致、颜色变化标注、图文并茂等设计能给读者带来更好的体验。

（2）博客互动

博客上有很多排名靠前的优秀博主，他们的文章有很高的点击量，可以和这些博主进行互动，比如偶尔转载他们的精彩文章，发表有独立见解的评论都能为自己的博客带来点击量。此外，还有加好友、留言、收藏、分享等功能，可以与广大网友进行充分互动，提高博客人气。

（3）交换链接

交换页面权重高的链接可以提升页面排名。博客页面的链接数量最好控制在40个以内，首页链接数量控制在20个以内。对方网站的更新频率越高，你在其页面的链接所获得的页面权重越高。对方页面的锚文本和你站点的关键字符合会让搜索引擎偏爱。

（4）细节处理

博客标题和内容尽量用比较热的长尾关键词。然后，精心挑选企业相关头像，填写好完整相关资料。前期新建的博文发布后，往往要过一段时间才会被收录，要在保证质量的前提下保证数量。如果建好博客后，立马添加链接，博文收录会很慢，甚至不被收录。

博客SEO有许多禁忌，我们应该避免涉及。如使用黑帽手段（链接欺诈、堆砌关键字等）。此外，大量使用Flash内容、垃圾信息等损害用户体验的行为，很容易遭遇搜索引擎的封杀。

6.3 博客营销经典案例解析

6.3.1 案例1（戴尔产品）

戴尔的产品主要是在网络上直销的，因此戴尔公司格外重视和客户的关系。公司创始起，戴尔就一直聆听客户的意见，当时的办法是电话和面对面交流。一开始，戴尔建立了网站，每天有大量客户访问。后来，戴尔成立了网上客户问题解决小组，由一群科技专家专门在博客中寻找有技术问题需要解决的客户，并且给予回复。

2006年7月，英文企业博客戴尔直通车成立。不久，戴尔博客增加了论坛功能，让客户告诉他们希望公司做些什么。公司还开了DellShares投资者关系博客，让投资者可以更直接地和戴尔交流。戴尔开设了很多博客，以英文为旗舰，衍生出多种语言和多个种类，面对不同的客户。各个博客和英文主博客基本同步，引进全球性的IT技术讨论话题，但在产品和区域策略方面，又有本地化的话题，选用本地的写手。

2007年3月，戴尔公司宣布启动戴尔中文博客网站——戴尔直通车。随后，戴尔在其博客网站上发布了数百篇文章，平均每个月发布19篇。这些文章来自戴尔公司管理层、工程技术部、客户关怀部，乃至销售团队的人员。他们以网络博客写手的身份展示戴尔的产品和服务，分享其工作与生活体验，聆听客户的反馈。同时，戴博也欢迎客户提出讨论话题、留言、互动交流。

戴博所有栏目都是围绕客户设立的，包括中小企业、客户体验、客户服务、支持家庭用户等。戴博也介绍自己有企业文化、公司战略和业绩、产品等。在社区里，客户发帖很活跃，浏览量上万的主帖比比皆是。用戴尔的话说就是"每一个客户对我来说都很重要。""通过和客户一起合作，我们赢得了很多机会来改变这个世界。"

6.3.2 案例 2（新东方）

新东方有众多网站，在线课堂、在线报名、各种资讯都建立了专门的网站，但浏览者很难从某一个入口直接找到这些网站，所以建立这样一个营销博客就可以起到引导作用。

新东方的官方博客是建立在新浪网的博客频道内的。类似新浪的博客，是属于门户型网站中的博客附属，更多是用于个人的交流，在功能上受到很大限制，这只是企业在其创立官方博客的初始阶段才会使用的方法。

新东方的博客有着很高的访问量，但从它的博客中并没有得到很多关于它的主页以及新东方集团的很多信息，没有为博客的受众提供方便了解新东方的渠道，这无疑放慢了读者了解新东方的脚步。

所以新东方可以在保留原有官方博客风格下，将博客开设在自己的官网下，增加新东方博客申请功能，博客的注册账号适用于"新东方"任何活动，包括活动的序列号、报名号以及抽奖号等。这样大大扩大了博客的使用范围，也通过博客这个桥梁，将新东方的各项活动都紧密地联系起来，使之变成英语爱好者的联盟，增大影响力，提高品牌知名度。在此，可以从以下三方面进一步了解新东方的博客营销。

（1）沟通交流

沟通交流在此是互动式的，包括专家在线交流，在线问卷调查和活动互动等。博客营销的这种营销模式改变了传统媒介缺乏用户参与，受众被动接受的现状，将营销的本质回归到口口相传的口碑式营销上，强调互动传播，强调小众传播影响大众传播。这种营销模式与新东方的理念不谋而合，纵观新东方的博客，可以明显地感受到新东方所传播的新东方精神，喜欢它的人很多是因为其具有的淡定、内敛、幽默而又不带商业气息的气质，也正是利用这样的口碑式宣传，新东方不断壮大。

另外，博客中添加在线调查功能，采取抽奖等方式增添趣味性。这可以帮助新东方更好地与用户沟通，为决策提供参考。同样，也可以把巡讲的过往、近期活动安排在博客上公布，以备博友的查询参与。

也可以在博客上长期开展类似有奖英语知识问答等活动，或者在博客中，根据英语爱好者不同的兴趣爱好、职业身份、年龄阶层等建立不同的圈子。长此以往，可以吸引英语爱好者及相关人士进入新东方的博客，增强"印象循环"，让英语爱好者养成登录访问新东方官博（官方博客）的习惯，在获取资源、答疑解惑的同时，也为新东方更好地建立稳定受众提供了一定的帮助。

（2）形象塑造

新东方在博客内投放关于自身团队或培训课程的广告，利用了点击式和跟随式。同时可以利用博客圈受众多兴趣、爱好一致的特点，有目的、有针对性地向固定类型的受众投放广告，以增加投放的精准性。而且这样的一种广告投放形式相较于其他媒体来说成本低廉，效果也不容小觑。

新东方的主要产品就是培训课程，所以在博客中大力地推广这些课程，但博客空间毕竟有限，所以可在醒目位置添加网上报名的超链接及相关课程的详细介绍网页链接。

新东方的博客视频没有局限于那些名师的全国巡讲的影像资料，还增加了一些新东方企业自身的宣传片，或是师生在课堂上的趣味活动，以提高人们走进新东方、了解新东方的热情。

新东方的留学服务平台相当成熟，通过博客相册展示新东方留学在外的学生的生活和学习情况，并在博客中推出相关专题介绍留学信息以及联系新东方留学部门的方式，推广自身的留学服务。

（3）产品输出

新东方通过在博客中加入教材、名师课堂讲义等产品进行销售，同时在博文中加入部分内容的预览以增强读者的购买兴趣。

新东方出版了一份季刊，叫作《新东方精神》。这份季刊也可以做成电子杂志的形式放在博客中，并提供下载，这样可以节省传播者和受众双方的很多资源，同时还可在电子杂志中嵌入广告，缓解电子资源的发行压力。

博客里增加手机订阅、RSS订阅功能。手机订阅可集中于某一方面，如每日学英语等，与移动联通等实现双赢合作。RSS有利于让用户发现网站内容的更新，当RSS引入博客后，博主发布的内容，可以同步递送到用户手机阅读器中，从而把自己的信息推送到更大的范围中，让更多的人及时地阅读。手机订阅、RSS订阅都可以添加自身或与英语有关的简短广告，从而开辟新的盈利。

建立博客后，博客自身的宣传也是必不可少的，例如新东方在各地的宣讲会中向听众营销博客的网址，为听众更好地了解新东方提供了途径，也让听众不再是被动接受新东方的宣讲，而是主动去寻求。

6.3.3 案例 3（惠普产品）

博客营销以自身独特的存在形态优势和传播效果优势，创造了很多的网络营销成功案例，惠普DV3000所做的博客营销就是其中之一。

惠普博客营销的网络推广过程可以分为五步：

（1）惠普DV3000产品发布会，邀请IT界领袖级博客现场同步直播；

（2）邀请IT界领袖博主进行惠普DV3000测评及讨论；

（3）举办"我的数码混搭生活博客接龙大赛"，面向用户，开展一个形式新颖的博客接龙活动；

（4）借助惠普DV3000"我的数码混搭生活视频大赛"辅助宣传；

（5）邀请营销评论博主对整个大赛做网络营销角度的评论。

纵观整个网络推广流程，这是一个充满了新意和亮点的、推广思路和推广目标都极清晰的成功策划：五个网络推广步骤环环相扣，传播影响范围由小及大，每一个阶段的博客选择也非常有计划性和针对性（从点、到线、到面，再跨越到另一个领域）。

整个网络营销首先瞄准的是IT圈这个互联网上最活跃，博客营销最容易起步，也最适合IT产品做网络推广的圈子，而且惠普DV3000最核心的目标受众也就是这个圈子。

在产品发布会同步直播中，邀请到了IT圈中最有影响力的几个博主，不但借助名人博客自身的影响力一炮打响DV3000在IT圈群中的知名度，还依靠一些IT圈群专属的沟通交流工具提升了目标受众对DV3000和惠普品牌的好感。

在接下来的推广中还是以邀请的方式，请IT圈中极有影响力的博主撰写文章，但是内容引申到了产品性能方面的讨论。在第一步的网络推广中，惠普DV3000已经在IT圈群内拥有了一定的知名度。当大家纷纷对这款产品产生好奇之际，几位"重量级"人士又展开了对惠普DV3000性能的详细评论。以"点"引发，从"点"串联成"线"，通过前两步的推广，惠普DV3000在IT圈群中已经完成了基本的产品信息告知和产品性能解析。

之后的网络推广是本次博客营销所有步骤中最成功的一步。"博客接龙大赛"这个名词听起来就颇有吸引力，而且门槛极低——只是简单地填写三个自己喜欢的产品名称和理由就可以了。而且推广方式也很值得以后的博客营销学习——widget的运用。widget是个很神奇的东西，许多博主都喜欢使用，它建立了独立博客与某一个平台之间的联系，使用widget的博主会获得一定的利益——功能方面的、盈利方面的、推广方面的等。

低门槛是提高参与性的一个有效方式；widget的运用让惠普DV3000拥有了无限延展的传播平台，而"我的数码混搭生活"这个接龙主题，让此次博客营销跨出了IT圈（不再是测评如此专业），让所有拥有博客的人都有了参与的可能——由"线"（IT垂直圈群）到"面"。

视频大赛的网络推广多少有些随意，不过既然前三步已经为惠普DV3000建立了良好的推广基础，只是作为一个视频大赛补充推广的博客评论行为，自然也就不需要费力地邀请和推广了。博客营销的原始"推动力"已经形成，邀请变成了自愿参与，博客营销的话题效应也就因此而显现了。

最后，邀请互联网营销评论博主对此次营销进行评论，以"营销评论"的名义，将本次活动的影响进一步扩大。

总体来说，惠普DV3000的博客营销做得非常成功，从策划到执行都给以后的博客营销提供了一个成功的参考。

6.4 认识微博与微博营销

6.4.1 什么是微博与微博营销

微博（Microblog），又称微博客，是一种基于用户之间关系的信息分享、传播和获取平台。它允许用户及时更新简短文本（通常少于140字），任何人可以阅读或者只能由用户选择的群组阅读。微博内容由简单的语言组成，对用户的技术要求很低，而且在语言编织上没有博客的要求高，不需要长篇大论，更新方便。目前主流平台为新浪微博。

微博营销是指通过微博平台为商家、个人等创造价值而执行的一种营销方式，也是指商家或个人通过微博平台发现并满足用户的各类需求的商业行为方式。微博营销以微博作为营销平台，每一个粉丝都是潜在的营销对象，企业利用更新自己的微博向网友传播企业信息、产品信息，树立良好的企业形象和产品形象。每天更新内容就可以跟大家交流互动，或者发布大家感兴趣的话题，这样来达到营销的目的。该营销方式注重价值的传递、内容的互动、系统的布局、准确的定位，微博的火热发展也使得其营销效果尤为显著。微博营销涉及的范围包括认证、有效粉丝、朋友、话题、名博、开放平台、整体运营等。

对于微博营销，可以从以下三方面来理解：

（1）微博营销的主体是企业、非营利性机构。传统营销中，非营利性机构由于其预算的有限性，在营销活动上略显薄弱。微博的出现使得信息发布以一种易操作、低成本、高效率的方式进行传播。这正好符合了非营利机构在信息发布、传播方面的需求。

（2）微博的本质是信息的快速传播、分享、反馈、互动。这种特点决定了微博营销活动必须围绕着微博这种传播方式进行。

（3）微博营销的功能是实现市场调研、产品推介、客户关系管理、品牌传播、危机公关等。

6.4.2 微博的特点和微博营销的优势

6.4.2.1 微博的特点

（1）发布门槛和成本低

微博字数在140个字内，远比发布博客容易，从而节约了大量的时间，对比同样效果的广告则更加经济。与传统的大众媒体（报纸、流媒体、电视等）相比受众同样广泛，前期一次投入，后期维护成本低廉。

（2）开放性

微博的发布本身具有广播的性质，这种开放式的传播比其他网络平台要更先进，因为大多数的网络平台中"圈子"或"群"都是封闭的，只有小范围的人可以参与话题讨论。微博中每一个话题都不限制参与的用户，通过内置搜索可以找到感兴趣的内容，而不需要关注。

（3）互动性强

在微博上面，政府可以和民众一起探讨，明星可以和粉丝们互动，转发、@、评论回复功能使得人们随时可以即时沟通，消除了一般网络平台的互动壁垒。

（4）传播速度快

微博最显著的特征就是传播快。一条微博在触发微博引爆点后短时间内互动性转发就可以抵达微博世界的每一个角落，目击人数短时间内达到最多。生活中越来越多的新闻消息从微博平台第一时间发布。

6.4.2.2 微博营销的优势

（1）用户群体广泛

微博的开放性、内容的精简度都大大降低了用户门槛。微博用户群体中，有名人也有普通人，有大型跨国公司也有中小企业，这些用户的分布广泛，覆盖了各个领域。公众在微博上获取信息并传播，对企业口碑的推广起重要作用。

（2）二次传播效果好

微博营销中，二次传播的效果要优于其他平台。这主要是依赖微博的传播速度快和其本身的社交属性。在微博用户中，好友之间相互评论、转发是很普遍的事情。企业微博发布一条优质内容，该条微博可能多次出现在粉丝屏幕上，就是因为产生了二次传播。如此反复的传播使得营销内容被不断强化，可能会"引爆"整个网络。

（3）在线客服服务便捷

由于微博的即时性和互动性，微博中在线客服服务赢得不少粉丝热捧。企业微博一般提供售前咨询、产品调查、售后维护三类客服服务。用户只要在微博上@企业官微，都会很快收到回复。当粉丝遇到相似的问题可以查看相关微博，这些互动记录保存在网络上还可以被检索。比起传统客服渠道，微博在线客服服务在成本、响应速度、口碑宣传上有很大优势。比如中国电信还开通了电话、宽带等业务咨询、受理、投诉等服务。

（4）利于病毒式营销

微博的转发功能天然具有病毒式传播的特点，这使微博成为新的病毒式营销传播方式。早期的病毒式营销以电子邮件为载体，却因为受众对垃圾邮件的抵触，到达率并不高。移动互联网帮助微博将信息迅速且及时地传递到每一位受众眼前，有人用一对多的裂变公式来形容微博的传播。一条有趣的微博在几分钟内就可以吸引数千人次参与转发和评论，发起一个投票可以轻松获得上万人次参与，一个话题阅读量很容易超过几亿人次。微博实现人际互联，为病毒式营销创造了绝佳场所。

（5）便于舆情监测和危机公关

微博早已成为监测企业负面信息的重要平台。微博的搜索功能或者第三方工具，可以方便地查询企业或产品的关键词，看搜索结果中有没有不利信息。微博上负面信息发布后，容易引起网民强烈的关注、转发。继而传统媒体也开始跟进报道，声讨的战场从线上转移到线下，事件的恶劣发展很可能毁掉一个企业。要想切断这个恶性的多米诺连锁反应链，最好的办法就是在事态扩大前，通过有效的微博公关手段，快速、合理地解决危机源头。微博公关需要在及时监测信息的同时，根据具体情况采取不同的对策。对于误会要及时澄清，对于诽谤则要表明态度，将其对企业的危害降到最低。

6.4.3 微博对营销的创新

由于微博平台的快速发展，微博对营销的创新使它成为企业营销的新工具。

精简的表达方式使得大家在发微博的时候不得不想办法缩减文字数量，尽可能精确地表达。

而短平快的碎片化信息传播方式，也被业界认为是一项革命性的创新。微博内容营销可以用文字、图片（或动图）、视频等各种介质呈现出来。

另外，微博的快速更新，以及多渠道的整合，提供PC端、移动端渠道，使得用户可以随时随地发布信息。由于每条微博的容量很小，所以发布很容易，这就使得微博更新速度非常之快。

其创新特性可归为如下几个方面：

（1）参与性

微博营销中转发抽奖活动是使用频率极高的活动形式，以其操作简单、低门槛的特点吸引了无数线上活动消费者。奖品通常是企业的新产品或优惠券。这种营销手段之前在线下商场十分常见，但效果却不如微博上效果好。可以说，微博将这一种传统的营销活动方式发挥到了极致。线下活动的实施往往复杂，消费者参与度不高，微博用户（尤其是移动端用户）简单操作便可参与抽奖，激发了消费者积极性，对企业新产品是很好的宣传。

（2）精准性

微博上企业微博的关注者中存在大量的老客户和优质的潜在客户。微博营销可以帮助企业以较低的营销成本，进行精准的产品推广。高质量的微博账号会集聚相当多的粉丝，就大家所共同关心的话题进行交流、发表评论。

（3）便捷性

微博营销方便顾客获取信息，同时也更方便顾客与公司保持良好关系。当消费者关注了企业微博之后，不用专门登录企业的网站也可以及时了解企业的进展与最新消息。由于微博的便捷性与移动性，人们可以在手机上随时随地了解自己钟爱产品的信息，如果对某个产品感兴趣，消费者在微博上就可以咨询相关信息。通过微博的互动营销将品牌信息传递给用户，用户在潜移默化中提升对品牌的认知度，从而刺激用户的消费欲望。不仅如此，即使产品在出售之后，微博也给售后服务提供了一个便利的平台。

（4）品牌信誉度

微博营销可以建立直接、主动的沟通渠道，获得顾客信任。微博是建立信任、推广和树立新品牌形象的有效武器。根据传播学理论，通过意见领袖或者公关媒体的公共关系影响力传播，能起到很好的传播和营销效果。微博能很好地呈现事实真相并对之进行快速传播的特性，成为企业公关传播方面最佳选择。微博营销这一方式能改变企业依赖媒体发布信息的局限，营销人员能够掌握沟通主动性，有针对性地服务于目标顾客群体，提高品牌信誉度。

6.4.4 微博营销常用工具

随着微博不断发展，微博营销的生态链也在不断完善。第三方微博工具大行其道，这些工具在功能定位上各有特色和差异，能满足不同阶段、不同规模企业的微博营销需求。我们在微博中能看到很多来自第三方程序推送的消息，在此介绍一些免费的运营微博工具（如图6-2）。

（1）微博内容库工具

内容是微博运营的重要组成部分。目前以微博内容库、皮皮时光机、微博段子应用最广。这几款工具的内容库分类明确，并且有关键字搜索功能，而且每条微博已经配好图片，供发送微博时使用。内容库海量素材让内容创意更加轻松，为需要微博维护的企业和个人提供相关的关键词内容。目前有大量的淘宝店主、企业主、网站主在使用。

（2）定时发布与多平台发布

用户可以将编辑好的微博内容定时发布，可以设置成未来某个特定时间点。常用的定时发布微博工具有皮皮时光机、享拍微博通、定时show、FaWave（Chrome插件）。其中部分工具已经有客户端，还可以方便地在多平台定时发布，是微博多平台发布的利器。

（3）粉丝分析工具

新浪自带"微数据"粉丝分析工具，对于一般的粉丝分析很实用。"微博分析家"是一款可以全面分析关注、粉丝、评论、转发、人脉的应用，有免费版和付费版可以选择，它比"微数据"里的人脉关系更全面。其他粉丝分析工具还有：微博粉丝分析、微博分析家、绿佛罗等。

（4）内容分析

微博内容的分析，可以从全部微博内容的分析和单条微博内容的分析着手。"微博风云"提供的数据比较全面，有活跃度排名、影响力排名、微博等级等大指标。另外，"微博引爆点"和"转发粉丝数量统计"是分析单条微博传播的一个不错选择。这两款应用的使用方法都类似，输入某条微博地址，分析得出该条微博辐射范围和覆盖人数。

（5）综合管理

综合管理工具包含了前面介绍的四种功能，而且还有管理功能。目前以"孔明社交"和"众趣"用的人较多，这两款综合应用都提供了定时发布、粉丝分析、传播分析、舆情监控、多账号管理等功能。可以只用一个平台账号管理多个微博账号。

此外，微博工具还有拼图工具、长微博工具、短地址工具等。

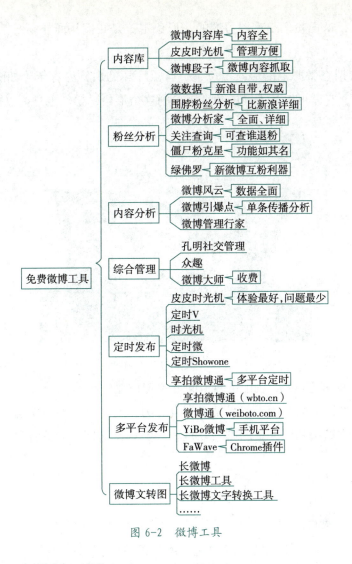

图 6-2　微博工具

6.5 正确定位搭建企业"微"平台

6.5.1 企业官微如何正确定位

　　企业官微开通后，要有一个清晰的定位，包括形象、价值等内容。在开展微博营销前，必须确定微博的定位及其发展目标。只有这样才能上下一致，快速建立企业新闻、产品、文化的互动交流平台。

　　微博上传播的都是流动的文字，它们有语气、有争论、有情感。企业在微博上的行为就该像人一样有性格，最好做一个让人喜欢的人。品牌虚拟形象定位很重要，可以说企业官微的定位清晰了，微博运营就成功了一半。

　　许多企业官方微博管理不规范，昨天还是以"宝宝"自称，一转眼就变成"专家""老师",这样粉丝是难以习惯的。形象定位是我们从商业和营销传播的需要出发设计的。

比如杜蕾斯在微博上的形象定位是：有点坏坏的白领男青年（如图6-3），一旦这样定位好后，它就可以从不同的角度来刻画这个形象，粉丝也是可以接受的。

图 6-3　杜蕾斯官方微博

例如星巴克官方微博（如图6-4）的形象定位是一个有点小资，有亲和力懂得生活的服务员。星巴克的微博思路是塑造有亲和力，营造轻松融洽氛围，让粉丝感觉自己正在一家咖啡馆里和服务员闲聊。一旦客户熟悉，这样的形象将深入人心，效果也会很好。

图 6-4　星巴克企业微博

我们可以看到许多企业比较刻板，找不到合适的品牌虚拟形象，导致微博营销文字直板单调，毫无活力可言。如图6-5所示，是一家五金厂的微博，其只是直接介绍了公司的基本信息。如果客户想要了解公司的品牌历史、定位、产品、经营网络等相对静态的信息，可以去企业官网查询。而新品上市、售后客服、打折促销等需要互动的动态信息，放在微博上更为合适。这家企业显然就是没有认识到官网和企业微博的区别。

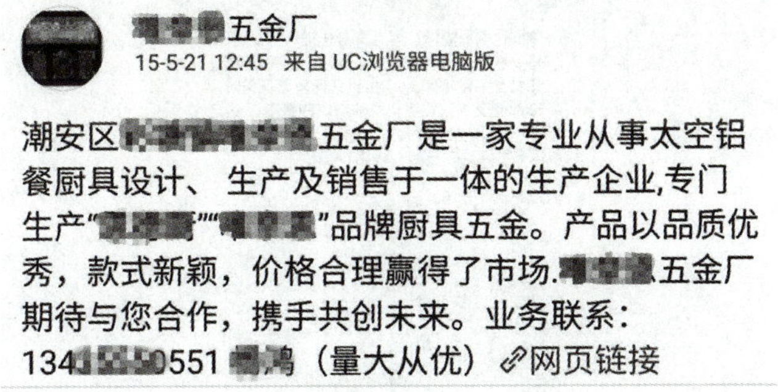

潮安区■■■■■五金厂是一家专业从事太空铝餐厨具设计、 生产及销售于一体的生产企业,专门生产"■■■■""■■■■"品牌厨具五金。产品以品质优秀，款式新颖，价格合理赢得了市场.■■■五金厂期待与您合作，携手共创未来。业务联系：134■■0551 ■鸿（量大从优）🔗网页链接

图 6-5　某五金厂官方微博

在微博里，粉丝就是客户。客户更喜欢跟一个"人"交流沟通，而不是一个账号或工具。企业微博的人格化一定要与企业品牌的战略形象相符，而不能随意地捏造或盲目地模仿。只有这样，才会有更多的用户关注和认可企业官微（企业官方微博）。

企业官微的功能可以分为五大块：企业信息发布；与目标消费者建立情感；前沿客服；舆情监测；快速公关。这五大功能其实无非两类：第一个是媒体发布功能，其他是互动沟通的功能。

针对如何让企业官微的不同功能发挥作用，一个直接的办法就是协同运营。一个微博账号承担媒体的功能，公司有重大新闻第一时间在这里发布，措辞风格相对中规中矩；另一个账号是粉丝团或者客服，是一个互动平台，主要是组织各种有意思的活动，比如打折促销、新品上市等，与粉丝互动，维系品牌忠诚度，提升产品销量。在语言上，这类微博更加拟人化，以朋友的身份与粉丝沟通。这种划分，解决了官微身份的尴尬，毕竟受众是两类不同人群：前者主要是本行业的媒体、竞争对手以及投资者；而后者则是消费者。这样就不会因为两个不同的粉丝定位，不断切换身份。所以，企业也可以采取双账号协同运营策略。

6.5.2 企业官微如何进行内容搭建

（1）树立品牌形象

企业微博并不意味着是作为企业随意打广告的平台。粉丝在购买某个产品时，需要了解产品信息。粉丝大多从内容上去了解企业信息，内容是什么风格，从微博的说

话方式、语气中体现出来，直接和企业品牌定位相关。但是，大多数用户很反感企业对他们进行直接的信息灌输。企业品牌形象就需要从微博的文案、配图上下功夫。

如戴瑞珠宝一直致力于浪漫的真爱文化传播，将珠宝和企业文化融合在一起，加上用心设计的配图，这对粉丝是不小的视觉冲击（如图6-6）。

图 6-6　戴瑞珠宝微博

（2）内容有价值

内容是吸引粉丝持续关注的价值核心。大多数关注企业微博的粉丝，主要是为了其提供的行业性的专业知识，提供给他们期望获得的利益，如中公优就业的微博发文，通过一幅图片简单明了地告诉读者关于SEM的相关内容（如图6-7）。

图 6-7　优就业微博专业知识分享

（3）内容的相关性

发布微博可以当作与用户的交谈，但并不是毫无目的打发时间的"唠嗑"。所以微博发布的内容，首先要考虑的就是与自己品牌、产品、公司、行业领域等方面的相关性。如果大多数内容都不具备相关性，就背离了用微博来帮助品牌营销的初衷，再多的人转发实际效果也不会好。另外，发布的微博除了与企业相关，还要与用户相关，从用户的需求方面考虑，找到他们想听到的，与自己想要传达到的信息之间的交集，保证发布内容的相关性，这是好的微博内容首先要具备的条件。如图6-8，就是vivo手机的一条微博，以聊天的口吻，巧妙地将其某一款手机融入微博，既能激起粉丝的共鸣，又不失为一次"润物无声"的产品宣传。

图 6-8　vivo 手机微博图

（4）内容比例

我们需要对发布的微博内容有一个好的规划，内容题材类型、发布数量比例等都需要根据运营中的反馈及时调整。分析粉丝都对什么话题感兴趣，将话题适当地与企业信息进行融合，做到时刻与他们保持共同语言。以下内容比例（如表6-1）仅供参考。

表 6-1　微博内容规划

内容规划	发布数量	企业相关（60%）	行业前沿、新品上市、活动促销、产品知识等
		粉丝相关（40%）	星座、明星、情感、时政、笑话、健身、美图等

6.5.3 如何利用官微开展平台活动

微博活动作为企业回馈粉丝，增长粉丝的一种重要方式，是很多企业在日常运营中策划的重要内容。但如何把活动做得既有传播效果又能影响到目标人群，是每次活动策划的重点。

企业活动有很多种类，企业可以根据自身运营的目的来选择。从活动能够达到的效果方面将企业微博活动种类细分为以下几个方面（如表6-2）。

表 6-2　企业微博活动形式

活动目的	活动形式
吸引新粉丝	有奖转发、幸运转盘、砸金蛋等
回馈老用户	定期竞猜类活动（例如＃每日一问＃）
宣传口碑	征集类活动（例如晒照片得奖活动）
活动目的	活动形式
增加传播效果	趣味APP
带动网站流量	特权秒杀、优惠抢购
产品调研	调查问卷、评选类活动

微博营销中不同的活动有各自的特点，参与方式、抽奖方式也有差别。例如有奖转发是被采用最多的活动形式，转发+评论或@好友就有机会中奖。下面将不同类型活动方式做一比较（如表6-3）。

表 6-3　不同微博活动方式比较

活动方式	网友参与方式	抽奖方式	特点
砸金蛋/大转盘	鼠标选择金蛋砸开（或鼠标点击转盘开始转动）即可参与，门槛低	企业无法设定抽奖规则和中奖规则 网友是否中奖是根据企业设计的中奖率随机抽的	即时开奖，参与门槛低，参与度高 企业可以设置关注企业微博后才可以参与，利于增加粉丝
有奖转发	网友必须转发企业提供的相关内容才可以参加活动，门槛较低 一个网友可以转发一次	无法设置游戏规则和中奖规则 为了保证网友参与热情，活动时间不宜太长，待结果时抽奖	可以设定关注企业微博后才能转发 转发分享的内容可以吸引更多网友参与，引起二次传播
其他有奖	可以根据企业设定的规则来设计参与方式，比较灵活	企业可以看到参与用户名单，进行抽奖 活动形式和抽奖方式更灵活 参与门槛可设置	无法设定用户必须关注企业微博才可以参与 活动形式和抽奖方式比较灵活 参与活动的门槛可以设置
同城活动	点击"我感兴趣""我要参与"	无抽奖功能	同城活动便于线上交流、线下体验

活动方式	网友参与方式	抽奖方式	特点
线上活动（以晒照片为例）	点击"上传照片"	无抽奖功能	征集网友对于某一主题的照片，进行评选和分享
话题讨论	"#"标记开头，"#"标记结尾	无抽奖功能	对话题感兴趣的网友都可参与，门槛很低

另外，企业在进行微博营销活动时也要注意以下几个方面。

（1）规则简单

企业官方微博活动要想使活动取得最好的效果，规则不能太复杂。活动规则简单才能吸引更多的用户参与，最大程度上提高品牌曝光率。规则简单的评价标准：活动官方介绍文字控制在100字以内，并配以活动介绍插图。插图一定要设计得美观、清晰并且图片尺寸不可过大。

（2）奖品激励

只有满足了用户的某项需求，用户才会积极踊跃地参加活动。微博活动中最好的激励方式就是奖品。一般，微博活动奖品有两种。一是印有官方LOGO的纪念品，但要有新意、吸引力，成本又不能太高；纪念品成本低，拿到印有品牌LOGO纪念品的用户对品牌的忠诚度更高。二是红包或者产品，红包或者产品可以直接刺激广大粉丝传播积极性，鼓励用户去转发并@好友，带动用户自身的人际圈来增加品牌的曝光率，吸引更多的网友参与。

（3）多传播渠道

微博的传播渠道主要有两种，一种是内部渠道，另一种是外部渠道。内部渠道就是初期的时候要求自己公司的所有员工参加活动，并且邀请自己的亲朋好友参加。初期积累了一定的参加人数，才会形成"马太效应"。中国人都爱凑热闹，看到一个活动参加的人数多，就会蜂拥而至。外部渠道就是要提前联系那些有影响力的微博账号，帮助企业官微进行微博活动宣传。

6.6 提升品牌塑造企业"微"形象

6.6.1 微博的传播途径

微博的传播主要是按照"蒲公英式"进行的。"蒲公英式"传播是指在一个信息的传播过程中，会经历一个漫长的低效的传播过程，而当用户转发积累到一个引爆节点的时候，会出现一个非常快速的增长过程，整个过程是从一个缓慢的增长曲线变为指数级的增长趋势，并且从低速到高速的转变是非常迅速的。

企业微博传播的路径：

（1）开展丰富多样的活动

企业投入大量资金用于营销活动，主要是通过线上、线下活动，或通过硬广，获得大规模粉丝关注，进而拥有部分受众基础。这些粉丝又可以分为：非客户、准客户和客户（如图6-9）。他们是企业微博信息的直接受众，当他们转发企业微博给自己的粉丝时，就形成了二次传播。

（2）发布有价值的行业知识

通过发布有价值的行业知识，吸引大量用户对其话题的讨论、转发，从而引发更多的关注与粉丝。这要求企业与公众之间有好的话题切入点，同时企业要花费大量精力与成本对内容进行持续长期的经营。事实证明，企业结合自身行业，对该行业的分析论述更容易找到最终的客户群体。

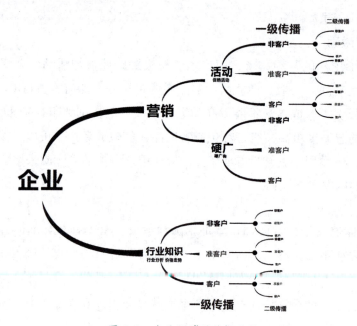

图 6-9　企业微博的传播路径

6.6.2 微博传播的四大因素

（1）内容定位是微博传播的前提

微博营销想要引起目标群体的注意，关键在于其发布的内容能够调动目标群体的兴趣，这是实现微博营销传播效果的基本前提。这就需要对其内容进行定位，首先语言风格要符合企业自身的形象；其次要配合企业产品推广周期进行发布；最后要研究并迎合目标群体的行为习惯和阅读习惯。

（2）关注是微博传播的根基

被关注是微博进行内容传播和展示的第一步。但是，由于企业进行微博营销的终极目的是实现产品的销售，所以并不能只追求被关注的数量（即粉丝数），而应该更加关注粉丝群体中目标群体的数量，即要追求粉丝的质量。所以，企业微博的粉丝越精准越好，否则再多的粉丝，如果脱离了目标客户群体的基本方向，是难以实现任何交易的。

评价粉丝质量的标准有下面三项。一是粉丝数量。微博影响力的大小与其粉丝数成直接正相关，粉丝越多，信息传播越广，影响到的人群也越广。二是粉丝活跃度。粉丝活跃度即参与微博评论、互动和转发的积极程度，对于活跃度比较高的用户，要善于研究和分析这类粉丝对哪些事物或者关键词感兴趣，从中挖掘出与企业产品或服务相联系的营销信息切入点。三是粉丝的在线时间。粉丝的在线时间也是衡量被关注质量的重点因素，即使再活跃的用户，在线时间过短也是不能有效刺激微博信息的互动的，转发和传播信息的效果就难以得到保证。

因此，企业在把握信息传播关注的问题上，不应该将自己的微博定位在一个大众传媒的平台，而应定位于一个受众精准的互动平台。

（3）互动是微博传播的引擎

由于微博的互动性相较于其他媒体更强，企业官微成为消费者与企业进行直接对话的一大平台。通过与受众的良性互动，可以让企业在受众心中的形象变得更加鲜活，让受众感受到企业其实也是实实在在的"人"，拉近与受众之间的距离。同时，互动还可以通过软性的方式植入，让用户在发表了个人观点后，不知不觉加深对企业品牌的认知和了解。

作为企业微博，在信息传播互动过程中，需把握好基本方向：一是企业微博要注意与被关注粉丝的双向沟通，企业微博要注重及时有效地回复；二是在互动过程中，要注意倾听和分析互动动态，抓住消费者情感意愿、诉求取向等基本内容；三是要及时、主动地解决负面评论，正视粉丝互动问题，做到愉悦对话。

（4）转发是微博传播的核心

企业进行微博营销的关键就在于发布营销信息并传播出去。提高转发率，是微博信息裂变式传播出去的最有效途径。因此，如何引导被关注粉丝的转发、引导传播流量已经成为当今微博营销需要考虑的核心问题。

6.6.3 如何精耕微博内容

微博营销，内容为王。精耕微博内容不得不掌握以下六大技巧：

（1）故事化

学会讲故事，以情动人，才能引发广大粉丝共鸣，如加多宝的微博用图（如图6-10）。用户在消费过程中不仅仅希望得到一件商品，也希望得到消费以外的情感体验和相关联想，这种体验会让消费者与品牌产生共鸣与认同感，因此一个成功的品牌是由无数个感人至深的故事构成的，没有故事就没有品牌。

（2）拟人化

用富有人情味的口吻说话，品牌微博人格化，这样的品牌才有温度。优就业通过发布关怀学员和老师的博文，使企业具有了人格特征（如图6-11）。企业微博应该认真规划自己的品牌形象，这是一个拟人化的过程。因为在社会化媒体上，交流必须是基于对等的人格的基础上。一个有特点的人，会加深别人印象，获得好感；一个形象模糊又期望所有人都喜欢自己的人，根本就不会有人记住。因此人格化可以提高企业微博的识别度。

图 6-10　加多宝微博用图节选

图 6-11　优就业微博图

（3）趣味化

幽默的语言和搞笑的配图，总是能够赢得广大粉丝的喜爱。如图6-12，是京东家电在2016年7月20发布的微博，当时北京发布暴雨橙色预警，该微博以幽默语言笑称快递小哥不会潜水，获得网友大量转发。

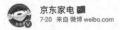

坐标：北京；

天气：大雨；

全国阴雨连连，我们需要点儿正能量！

飞机停飞、汽车抛锚、京东快递小哥依旧奋战在送货一线！

如果您的快递到晚了，请不要太多抱怨，请以微笑示人，毕竟快递小哥也是人，不会潜水......😂😂😂

图 6-12　京东家电微博图

（4）实用性

实用性是指提供的信息对网友生活、工作具有很好的参考价值和指导意义。知识性的内容更有利于传播，对企业微博的宣传和推广十分必要。优就业发布"关于程序员和设计师必备的20个CSS工具"的博文（如图6-13），能够吸引相关从业者关注公众号。

（5）互动性

引用用户自己的话作为微博内容，可以激起互动。支付宝通过幽默的语言引起众多用户的共鸣，以此产生互动（如图6-14）。沟通性的前提是真心想要和用户进行信息的交流和沟通，而不是单方面发布自己的声音。一个好的听众不一定是一个好的演讲者，但要成为一个好的演讲者肯定要先成为一个好的听众。

优就业
2-18　来自 微博 weibo.com

#干货共享#🐱【程序员和设计师必备的20个CSS工具】🔗网页链接

图 6-13　优就业微博图

支付宝 🐱
7-18　来自 微博 weibo.com

希望我的烦恼能像余额一样少，快乐能像赘肉一样多！🐱

@王言寺木木夕:有时候，看一眼支付宝余额，人就会清醒很多。🐱

图 6-14　支付宝的互动微博

（6）数字化

经常将企业优惠活动或产品促销以简单粗暴的数字醒目地发布在微博上，容易让粉丝产生反感，但偶尔使用效果不错。中公借势"天猫月光节"进行促销，起到了不错的效果（如图6-15）。

图 6-15　中公教育微博图

6.6.4 如何借势热点事件

这里所说的热点，通常可以分两种情况：一是可预测的热点，如节日、电影、热播剧、大型的会议等；二是不可预测的热点，如一些突发事件、大灾大难、热点新闻等。当热点出现后，如何进行借势热点事件进行营销？可参考以下步骤：

（1）内容创作

实战中，借势营销第一步就是进行内容的创作，包括文案、海报等内容形式。在此，可以把创作类型分为两种：跟风型和升华型。

跟风型的一个典型形式是某个事件出现以后，其他品牌便会运用自己的产品来模仿该事件中的一些特定形式，如各大品牌对李晨和范冰冰的"我们"图片的反应。

升华型即对热点事件的纵深和延展。把热点元素进行二度创作，把原素材作为营销的元素之一融在创作的内容当中，远比改编热点的段子或者在图片上PS更有效。

（2）推广

内容完成后，要主动寻找机会推广。在微博上发布借势的图文，另外@一些大V、媒体、自媒体人、事件原发企业等。这些关键人物、机构或将成为创意图文的二次传播体。此外，微信公众号、朋友圈、今日头条等渠道也要同步跟进推广。

（3）福利发放

当品牌和产品在借势营销活动中取得较大曝光时，顺势发布优惠打折信息或者抽奖等活动，能够将活动中的潜在用户转化为真正的用户。否则，当热点浪潮过去，再想提高转化率就不太容易了。

另外，在借势热点事件营销时还要注意判断热点事件是否适合被借势。热点事件本身与品牌和产品关联度高、匹配度好才能提升知名度。如果没有关联而硬生生地去做结合，效果并不会好。特别要注意的是那些违反道德与法律，会造成视觉垃圾的热点，例如负面的、违法违规、重点灾难事件等，借势需要谨慎。

借势传播还要拼速度。例如不可预测的热点事件具有偶然性、时效性，一般认为6个小时以后的热点就失去了时效性。

6.7 微博营销经典案例解析

6.7.1 案例 1（新视野号探测器）

2015年7月14日，经过九年半、约50亿公里的飞行，美国新视野号探测器终于揭开了冥王星神秘的面纱。这样的热点事件，当然是各大公司借势营销的好机会。微博上"新视野飞掠冥王星"等话题引起网友热议。通过以下公司的营销案例来进一步学习如何借势热点事件进行营销。

乐视："我们只记录美好。"（如图6-16）同一天，发生的"优衣库"事件并不美好，此文案暗含对这两个事件的态度和观点，得到网友认可。

百度地图："太阳系的边缘，只是我们梦想的起点。"（如图6-17）

图 6-16 乐视文案配图

图 6-17 百度地图文案配图

腾讯电脑管家："嗨，我是浩瀚星河里的一枚小火箭，很高兴遇见你，冥王星。一起向星辰大海前进，捍卫宇宙安全！"（如图6-18）

图 6-18　腾讯管家文案配图

6.7.2 案例 2（途牛旅游网）

互联网时代的营销，新颖、有趣的内容一直占据着重要的位置，独特的内容如果能折射品牌的魅力，将会成为企业形象和品牌宣传不可复制的渠道。

夏日旅游市场竞争激烈，对于途牛旅游网，马尔代夫一直是其在海外旅游市场中的重要战场。2015年8月，途牛网用一种流畅的病毒营销思维，打了一套漂亮的马尔代夫宣传组合拳。

第一步：独特的行为艺术，引起社会讨论。

2015年7月30日傍晚，成都沙湾路十字路口，一名男子穿着大裤衩，坐在马路边的沙滩上，拿着一杯饮料，摆出一副在马尔代夫享受阳光的表情。异于常理的行为，很快引发大众的思考。"只要心中有沙"迅速走红。照片在微博上疯传，知名演员沙溢等均发表相关微博（如图6-19），引起网友疯狂点赞。各大报纸跟踪报道，腾讯新闻以弹窗形式进行全网推荐，马路沙滩哥一夜成名。

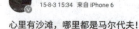

图 6-19　沙溢微博

第二步：马尔代夫之行，魔性躺姿引发借势潮。

2015年8月7日，行为艺术家何利平微博爆出其在马尔代夫的照片对比图（如图6-20）。"昨天马路，今天马代"励志图文爆出后，很快被《武汉晚报》《天府早报》等新闻媒体再次报道。

成都何利平
15-8-7 16:16　来自 iPhone 6 Plus

＋关注

昨日马路，今日马代。

图 6-20　"马尔代夫"对比图

随后，各类品牌蜂拥而至，加入这场营销风潮中。

陌陌："不要活在别人的嘴里，只要心中有陌陌，昨天孤独，今天群嗨。"（如图6-21）

图 6-21　陌陌微博配图

去哪儿网："不要活在别人的眼里，只要心中有沙，去哪儿都是马尔代夫。"（如图6-22）

图 6-22　去哪儿微博配图

同时网络上，大众开始调侃图片真实性，众说纷纭，引起广泛的社会讨论。于是各品牌在网络掀起一轮轮"被玩坏的沙滩哥"PS大赛活动。

第三步：真相披露。

2015年8月11日，行为艺术家何利平微博爆出途牛旅游网赞助始末（如图6-23）。整个事件真相大白，原来是一场精心设计好的营销事件。

图 6-23　微博真相图

随后途牛旅游网官方也推出活动（如图6-24）：模仿"马路沙滩哥"拍出你享受梦中目的地的惬意照片，发微博带上该话题，有可能像马路沙滩哥一样，帮你实现

"从马路躺到马代"式的艺术梦想。

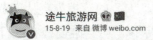

途牛旅游网
15-8-19 来自 微博 weibo.com

梦想还是要有滴,万一实现了呢!艺术还是要追求滴,万一有懂你的TA呢!模仿马路沙滩哥拍出你享受梦中目的地的惬意照片,发微博带上话题#牛牛的沙滩style#并@途牛旅游网 牛牛会随机选取幸运的你,帮你实现"从马路躺到马代"式的艺术梦想。类似想去火星的盆友,请你奏凯![xkl扭]□"只要心中有沙"视频版,沙滩哥这么逗逼!

图 6-24　途牛微博发起活动

对于久经考验的网民来说,单纯的名人发声并不能满足他们挑剔的口味。倘若是没有让人眼前一亮的要素,单靠马路沙滩哥的颜值,恐怕早就石沉大海了。因此,接地气的话题和活动尤为重要。与调侃海报一同放出的话题"被玩坏的沙滩哥"累计阅读量达到了693.3万,讨论数也有2万。结合品牌方推动的话题"牛牛的沙滩style"一跃成为新浪微博旅游类话题榜第1名(如图6-25)。累计阅读量达到了1754余万,讨论数也有1.2万。

只要心中有沙,哪里都是马尔代夫~马路沙滩哥真的来了一次,从成都躺到马尔代夫的行为艺术之旅,有视频为证!#牛牛的...[更多]

图 6-25　旅游话题排行榜

毫无疑问，"只要心中有沙"是引爆那个夏天最后激情的一次病毒营销事件。它将新颖独特、彰显价值、表征内涵、触动人心的营销内容从庞杂的信息中挖掘出来，用"行为艺术"和"梦想实现"这2个标签，与旅游爱好者进行了一次敞开心扉的交流。如今，没有一个品牌强大到不可替代，也没有一个品牌弱小到不能去竞争。

6.7.3 案例3（中国足球晋级）

在2016年3月29日，世界杯预选赛亚洲区40强赛最后一轮，中国队主场迎战卡塔尔，最终，国足凭借黄博文和武磊的进球，以2比0战胜了卡塔尔。另外，由于澳大利亚、菲律宾和伊朗的帮忙，让中国搭上晋级亚洲12强赛的末班车。这是国足15年后，再次杀入世界杯预选赛亚洲区决赛。

各大品牌借助这一事件进行了微博营销：

一加科技："漂亮的2：0！期待你的晋级+1。"（如图6-26）

杜蕾斯官方微博："没什么挡得住一夜两次的男人。"（如图6-27）

麦当劳："24小时，为你随时出现（线）。"（如图6-28）

图 6-26　一加科技配图

图 6-27　杜蕾斯配图

图 6-28　麦当劳配图

　　这些企业将产品与国足热点事件巧妙结合，让自己的品牌和产品在全民关注的话题中获得了一定的曝光度，不仅推广了自己的官方微博，更传播了企业品牌形象，在受众群体心中留下了深刻的印象。

本章小结

　　博客在企业产品宣传、外链流量和提高搜索排名等方面仍然有着其他平台无法代替的优势。博客营销是一个长期的过程，并且短时间内无法对营销的效果进行评估，需要有远见的公司持之以恒地投入才能获得实际效益。

　　微博作为一个开放性的社会化传播平台，已经深入到了每个人生活的方方面面。微博的即时性、便捷性、互动性等特点重构了移动互联网的格局。上亿用户的参与必然推动微博功能不断完善，服务更加优质。微博的发展会让我们的生活更加便捷，并不断带给我们乐趣和享受。我们有理由相信，微博将在未来互联网格局中继续扮演重要角色。

第7章
其他平台营销

　　本章将介绍几个相对小众且营销功能不那么为人熟知的营销平台，包括论坛营销、电子地图营销、点评类网站营销、分类信息平台营销、目录网站营销。

7.1 论坛及论坛营销

7.1.1 论坛

　　论坛，也称BBS，即"电子布告栏系统"，可以简单理解为网友发帖回帖讨论的平台。这是Internet上的一种电子信息服务系统。它提供一块公共电子白板，每个用户都可以在上面书写，可发布信息或提出看法。是一种交互性强，内容丰富而及时的Internet电子信息服务系统。用户在BBS站点上可以获得各种信息服务、发布信息、进行讨论、聊天等。

　　论坛几乎涵盖了人们生活的各个方面，几乎每一个人都可以找到自己感兴趣或者需要了解的专题性论坛。而各类网站、综合性门户网站或者功能性专题网站也都青睐于开设自己的论坛，以促进网友之间的交流，增加互动性和丰富网站的内容。

　　论坛活动具有强大的聚众能力，利用论坛作为平台举办各类踩楼、灌水、贴图、视频等活动，可以调动网友之间的互动。

7.1.1.1 论坛发展现状与趋势

　　目前大家熟知的论坛或贴吧有百度贴吧、天涯社区、猫扑等。在初步具备认识论坛营销概念的基础上，需要进一步对论坛近年来的整体发展趋势进行了解。

　　对比2015年和2016年PC端（如图7-1）及移动端（如图7-2）论坛/BBS使用数据可以发现，虽然用户规模和网民使用率都有不同程度的下滑，但是长期以来，网民所形成的一种逛论坛、上贴吧的习惯在短期内是不会轻易改变的，同时论坛拥有较好的用户基础和成熟的运营模式，这些都是对论坛营销非常有利的。

	2016.6		2015.12		
应用	用户规模（万）	网民使用率	用户规模（万）	网民使用率	半年增长率
网上外卖	14966	21.1%	11356	16.5%	31.8%
在线教育	11789	16.6%	11014	16.0%	7.0%
论坛/bbs	10812	15.2%	11901	17.3%	-9.1%
互联网理财	10140	14.3%	9026	13.1%	12.3%
网上炒股或炒基金	6143	8.7%	5892	8.6%	4.3%
网络直播服务	32476	45.8%	--	--	--
在线政务服务	17626	24.8%	--	--	--

图 7-1 第 38 次中国互联网发展状况统计：中国网民对各类网络应用的使用率

	2016.6		2015.12		
应用	用户规模（万）	网民使用率	用户规模（万）	网民使用率	半年增长率
手机即时通信	60346	91.9%	55719	89.9%	8.3%
手机网络新闻	51800	78.9%	48165	77.7%	7.5%
手机搜索	52409	79.8%	47784	77.1%	9.7%
手机网络音乐	44346	67.6%	41640	67.2%	6.5%
手机网络视频	44022	67.1%	40508	65.4%	8.7%
手机网上支付	42445	64.7%	35771	57.7%	18.7%
手机网络购物	40070	61.0%	33967	54.8%	18.0%
手机网络游戏	30239	46.1%	27928	45.1%	8.3%
手机网上银行	30459	46.4%	27675	44.6%	10.1%
手机网络文学	28118	42.8%	25908	41.8%	8.5%
手机旅行预订	23226	35.4%	20990	33.9%	10.7%
手机邮件	17343	26.4%	16671	26.9%	4.0%
手机网上外卖	14627	22.3%	10413	16.8%	40.5%
手机论坛/bbs	8462	12.9%	8604	13.9%	-1.7%
手机网上炒股或炒基金	4815	7.3%	4293	6.9%	12.1%
手机在线教育课程	6987	10.6%	5303	8.6%	31.8%

图 7-2 第 38 次中国互联网发展状况统计：中国手机网民对各类手机应用的使用率

论坛具有双向互动性，在这里每个人都兼具信息的传播者和接受者两种身份，也正是因为如此，很多企业都会建立自己的论坛，从而和用户建立一种良好的交流互动关系。一个好的论坛网站，只要在初期能做好内容把关，打下用户基础，之后的维护和运营成本其实很小，营销推广也就成了水到渠成的事情。

论坛营销通常需要软文支持，在此基础上实现事件营销、精准营销、口碑营销、病毒营销等方式。

7.1.1.2 主要论坛简介

（1）百度贴吧

百度贴吧（如图7-3）是百度旗下独立品牌，是一种基于关键词的主题交流社区，它与搜索紧密结合，准确把握用户需求，为兴趣而生。贴吧的使命是让志同道合的人相聚。贴吧的组建依靠搜索引擎关键词，不论是大众话题还是小众话题，都能精准地聚集大批同好网友，展示自我风采，结交知音，搭建别具特色的"兴趣主题"互动平台。贴吧目录涵盖社会、地区、生活、教育、娱乐明星、游戏、体育、企业等方方面面，是全球最大的中文交流平台，它为人们提供一个表达和交流思想的自由网络空间，并以此汇集志同道合的网友。

图 7-3　百度贴吧主页

"我的贴吧"（如图7-4）是百度贴吧的特色之一，即为用户在贴吧的个人中心。在这里，用户可以记录自己的心情和新鲜事，关注贴吧各路达人，获取自己的粉丝。通过与其他用户亲密互动，形成稳定的好友关系。也可以根据个性化需求关注用户喜欢的贴吧，最新的精品帖子、图片、视频、热门转帖等内容都可以通过"我的贴吧"获取。通过"我的贴吧"，用户还可以关注到好友在贴吧的一举一动，包括道具使用、游戏应用、吧务等动态。这种集合了日记、交友、信息搜索和筛选、兴趣记录于一体的方式，增强了平台的实用性和用户黏度。

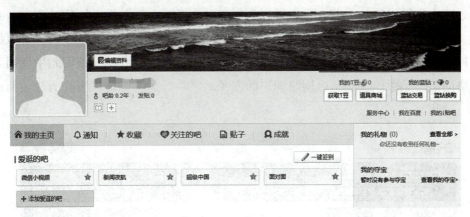

图 7-4   百度贴吧个人主页

（2）天涯社区

天涯社区（如图7-5）创办于1999年3月1日，是一个在全球具有影响力的网络社区，自创立以来，以其开放、包容、充满人文关怀的特色受到了全球华人网民的推崇。它综合提供个人空间、相册、音乐盒子、分类信息、站内消息、虚拟商店、来吧、问答、企业品牌家园等一系列功能服务，是以人文情感为核心的综合性虚拟社区和大型网络社交平台。截至2016年4月，天涯社区注册用户已过亿，日均访问量达1300万，拥有上千万高忠诚度、高质量用户群所产生的超强人气、人文体验和互动原创内容，成了华语圈首屈一指的网络事件与网络名人聚焦平台，是最具影响力的全球华人网上家园。

图 7-5   天涯社区主页

（3）猫扑

猫扑（如图7-6）是中国知名的中文网络社区之一。猫扑网于1997年10月建立，经过近二十年的发展，目前，已发展成为集猫扑大杂烩、猫扑贴贴、猫扑汽车、猫扑游戏、猫扑地方站、猫扑情感等产品为一体的综合性富媒体娱乐互动平台。可以说正是这样"大杂烩"式的各个方向多元发展的方式，成就了猫扑网。该网站中发明了许多网络词汇，是中国大陆地区网络词汇的发源地之一，为大陆地区影响力较大的论坛之一。

图7-6　猫扑主页

（4）西祠胡同

西祠胡同（如图7-7）始建于1998年，是最重要的华人社区门户网站。西祠胡同（简称西祠）并非传统意义的社区网站，自创立初期，西祠即首创"自由开版、自主管理"的开放式运营模式，即站方管理和维护社区平台及分类目录，用户自行创建讨论版、自行管理、自行发展，自由发表信息、沟通交流。此开放模式体现了互联网的自由和自律精神，且快捷、便利、易于掌握，因此深得用户好评。西祠用户遍布全国及境外，积累了不同地区、各年龄层次、各种行业、不同兴趣爱好的大量忠实网友，用户群横跨学生、都市白领、记者、编辑、作家、艺术家、教师、自由职业者、商人、党政机关工作人员、公司高层人士、退休老人等。

西祠在地区、人群、兴趣三大主类别下，设立了三十余个分类，内容丰富多彩、包罗万象。作为开放的综合社区，西祠既有个人讨论版，也有以人群为主线的群体讨论版，还有基于商家、商品的消费类讨论版，不同人群对西祠讨论版功能的应用，已使得西祠远远超出普通社区的范畴。

图 7-7　西祠胡同主页

（5）铁血社区

铁血社区（如图7-8）是铁血网重要组成部分，又称铁血论坛。铁血社区创建于2001年，多年来始终坚持把宣传爱国主义作为网站建设的核心，以军事内容为龙头，国际、社会、历史类内容并重发展，现已成为中国互联网最具影响力的中文社区之一。铁血社区始终坚持走草根化的发展路线，鼓励网友发表自己的观点，社区网友的讨论氛围与质量在国内中文社区内名列前茅。近年来随着一大批军人和警察网友的加入，社区的内容得到极大丰富，逐渐形成了一些有特色的内容和版面，如反映中国军人军旅生活的军旅类原创帖文、反映中国警察最真实一面的警察之家版面。铁血社区建立了完善的军衔晋级系统与功勋荣誉系统，根据发言的质量与影响力大小，网友可以获得不同的军衔等级和荣誉勋章。

图 7-8　铁血论坛主页

7.1.1.3 论坛分类

（1）按专业性分类

● 综合类论坛

综合类论坛包含的信息比较丰富和广泛，能够吸引几乎全部的网民来到论坛，但是由于广，便难于精，所以这类的论坛往往存在着弊端，即不能全部做到精细和面面俱到。比如大家熟悉的百度贴吧、天涯社区、新浪论坛等。

● 专题类论坛

专题类论坛是相对于综合类论坛而言，将内容细化为专题性质的论坛，这种论坛形式往往能够吸引真正志同道合的人一起来交流探讨，有利于信息的分类整合和搜集，并且专题性论坛对学术科研教学都起到重要的作用。例如购物类论坛、军事类论坛、情感倾诉类论坛、电脑爱好者论坛、动漫论坛、手机类论坛、体育类论坛等，这样的专题性论坛能够在单独的一个领域里进行版块的划分设置，甚至有的论坛，把专题性直接做到最细化，这样往往能够取到更好的效果。

（2）按功能分类

● 教学型论坛

教学型论坛的常见形式就是一些教学类的博客，或者是教学网站，重心放在对一种知识的传授和学习。在计算机软件等技术类的行业，这样的论坛发挥着重要的作用，通过在论坛里浏览帖子，发布帖子能迅速地与很多人在网上进行技术性的沟通和学习。例如qzzn公务员考试论坛，ITPUB技术论坛等。

● 推广型论坛

推广型论坛通常不是很受网民的欢迎，因其生来就注定是要作为广告的形式，为某一个企业，或某一种产品进行宣传推广服务。从2005年起，这样形式的论坛很快地成立起来，但是往往这样的论坛，很难具有吸引人的性质，单就其宣传推广的性质，很难有大作为，所以这样的论坛寿命经常很短，论坛中的会员也几乎是由受雇佣的人员非自愿地组成。

● 地方型论坛

地方型论坛是论坛中娱乐性与互动性最强的论坛之一。不论是大型论坛中的地方站，还是专业的地方论坛，都有很热烈的网民反响，比如长春贴吧、北京贴吧，或者是清华大学论坛、运城论坛、海内网、长沙之家论坛等。地方型论坛能够加强人与人的沟通，另外由于是地方型论坛，所以对其中的网民也有了一定性的局域限制，论坛中的人或多或少都来自于相同的地方。这样既有一点点真实的安全感，也少不了网络特有的朦胧感，所以这样的论坛常常受到网民的欢迎。

● 交流型论坛

交流型论坛又是一个广泛的大类，这样的论坛重点在于论坛会员之间的交流和互动，所以内容也较丰富多样，有供求信息、交友信息、线上线下活动信息、新闻等。这样的论坛是将来论坛发展的大趋势。例如铁血社区、汽车之家论坛等。

7.1.1.4 论坛术语

除了熟知论坛分类，以确保能把内容投放到相适应的位置之外，要进行论坛营销还有一个必备基础，就是要熟知论坛里的一些专业术语，以下简单介绍了常见的论坛术语。

（1）马甲

同一个用户在同一论坛注册多于2个（含2个）ID并同时使用时，常用的或知名度较高的那个ID一般称为主ID，其他ID称为马甲ID，简称马甲。

（2）灌水

即向论坛中发大量无意义的帖子。

（3）顶

这个词在论坛中有两个意思，一是指回帖者支持帖子的作者；二是回帖支持的人数多了，帖子就沉不下去，可以一直停留在靠前的位置，让更多的人有机会看到这个帖子。

（4）飘过

网友在论坛里看帖子的时候，评论就相当于跟楼主打个招呼，但是对楼主帖子的内容不做评价的行为。

（5）潜水

看而不发言，或者以游客的身份浏览也不发言。

（6）冒泡

指潜水久了的用户，时不时出来说句话，发一下言。

（7）沙发、板凳

第一个回帖的人称为"坐沙发"，第二个回帖的人成为"抢板凳"。

（8）楼：楼主（lz）

发帖的人即称为楼主。

（9）楼上/楼下

上一个回帖的人称为楼上，下一个发帖的人称为楼下。

（10）盖楼

意为让发言的多起来。

以上只是常见的一些论坛术语，当然，不同的论坛还会有自己一些独有的词汇和缩写等，这就需要在进行论坛营销时，把握各种论坛交流的不同模式，积累经验。

7.1.2 论坛营销

在对论坛进行了简单介绍之后，再来谈论坛营销。论坛营销就是企业依托于论坛这个网络交流的平台，通过文字、图片、视频等方式发布企业的产品和服务的信息，从而让目标客户更加深刻地了解企业的产品和服务。最终达到企业宣传企业的品牌、加深市场认知度的网络营销活动。

7.1.2.1 论坛营销的优势

（1）针对性强

据不完全统计，互联网上有至少十几万个论坛，而且这些论坛的种类和模式非常丰富。例如，在综合性大众社区和专注于几个领域的垂直论坛下还有更加细化的分类方式。论坛的细化程度高也就意味着其用户群也非常集中和精准，因此在论坛平台上可以进行更加具有针对性的营销。

（2）良好的营销氛围

论坛最大的一个特点就是互动，一个好的论坛社区，里面的交流氛围会非常浓厚，用户之间的交流深度和感情也会随之更深，更具有信任感。在此基础上进行的营销，其信息会更容易被接受和认可，并且能够引起用户心理上的共鸣感，从而达到更好的效果。

（3）口碑宣传比例高

Web2.0网站有别于Web1.0网站的最大特点就在于用户产生内容。论坛作为Web2.0的典型代表，很好地体现了这一特性。论坛是一个开放式的平台，所有内容都是由用户产生的，如果传递或宣传的信息或产品能够成功激发用户的讨论欲，那么这些信息或产品就会在用户的口口相传之下，产生良好的口碑效应。

（4）成本小，收益快

论坛的低投入是有目共睹的，"五毛党"已经成了热门的网络组织，一个帖子仅五毛钱的低廉费用，受到了很多个人和企业的青睐。再加之论坛具有的及时发布信息的特点，使得论坛推广的周期性非常短，甚至可以达到马上实施、马上见效的程度，成本和收益速度形成了高性价比。

（5）获取反馈信息

在论坛中发布信息能够得到用户的快速反应，以便于营销者及时掌握用户的反馈信息，在第一时间了解用户的需求与心理，这个优势是普通的网络营销方法所不具备的。当准确掌握了用户的反馈信息之后，就可以及时调整宣传策略和战术，减少了很多因为策略和方式不恰当而带来的问题，使得方案或计划在具体执行中更加顺畅。

7.1.2.2 论坛营销的目标定位

论坛营销想要达到效果，就需要在策划阶段根据产品信息本身、投放平台、用户数量等信息进行营销目标的定位。在之后的具体操作中，一旦实际与预定目标产生偏离，则需要及时了解问题所在，对营销策略和方案进行适当的调整。可见目标定位在整个论坛营销中的地位举足轻重，像是一把测量标尺，方便企业在出现问题时能够有参考，从而进行及时调整和改进。

在进行目标定位时，两点分析是不能少的：

（1）目标论坛和网站当前业务是否高度相关

例如你做的是女装类的网站，那么太平洋女性网等和其他具体针对女性话题的论坛则是最好的目标论坛。此类论坛目标人群高度集中，而且购物意向非常明显，所以在此类论坛开展营销，会事半功倍。

（2）目标论坛的流量和人气指数

论坛流量和人气指数的检验方法主要包括以下几个方面：该论坛每天新注册用户的数量、该论坛每日帖子的总数、每个版块帖子的细化数量。从以上几点就可以大概分析出论坛的人气，从而设定一个较为合理的营销目标。

7.1.2.3 论坛营销的策略与技巧

做好论坛营销，要掌握合理运用三大要素的方法。

（1）三大要素

●用户

论坛社区的本质是一个开放性的网络平台，而用户则是这个平台的信息来源，因此想要在这样的平台得到好的宣传效果，就一定要有用户参与，从而产生针对一个话题或信息的人与人之间的互动行为。故而，在营销的过程中，要想尽一切办法打动社区用户，引导真实的个体参与到帖子中来，尤其要抓住社区中的意见领袖和热衷于互动传播的人。

●引爆点

有了用户基础之后，还要想办法去引爆用户的情绪才行。在论坛营销中，这种引爆点通常是以话题的形式展现，通过一个或者多个策划点，点燃用户表达自己观点和进行交流互动的热情，让用户自愿成为"核裂变式传播"的一员，将信息大规模地散播出去。

●渠道

渠道就是指传播信息的平台，相当于一个战场，只有抢占更有利的地形才能把握先机和优势，从而取胜。具体来说，论坛营销的渠道指的就是各大相关内容源论坛，建立论坛推广队伍，广为传播。在资金条件允许的情况下，可以适当地做一些公关活动，例如在各大论坛做些置顶帖、首页推荐等。

（2）论坛营销的步骤

●了解需求

这里的需求主要指的就是用户的信息关注点和搜索习惯，从而将产品或品牌信息与符合用户需求的内容结合在一起，投放在用户习惯访问的论坛平台上，更有针对性地进行营销。

● 找到卖点

卖点很重要，如果没有卖点，那么很难使用户对发布的信息产生兴趣，论坛营销也就无法形成双向互动、打动用户、广为传播的效果。在论坛社区中，普遍比较卖座的点有以下几个：

人物：人本身不可避免地具有一种窥私欲，总想看看别人的生活是什么样子，因此与名人相关的事情，总会成为人们茶余饭后的谈论焦点，所以搭名人的顺风车是一个最常用也最为简单有效的策略。名人的范围很广，可以是影视明星、行业名人、商业领袖等大众化的群体，也可以是草根英雄、网络红人等较为小众的群体。除了这两类名人以外，那些在社会上饱受争议的人，或是能够引起广泛关注的人也可以成为借力的对象。

话题：社区的核心就是话题，所以在操作网络营销的时候，必须要学会制造话题，特别是有争议性的话题，这是论坛营销最大的卖点。比如著名的网络红人芙蓉姐姐、凤姐等都是靠争议出名的，而且她们借助的平台也都是论坛。

其实在论坛中制造争议也不是很难，一个最常用的策略就是：第一个帖子不要太完美，留下一些比较有争议性的破绽，从而引发网友的质疑，并最终形成讨论。如果网友没有发现这些破绽，那么也可以适当地进行引导，但是要注意这个破绽一定不能是和产品有关的破绽，而是话题破绽。

事件：通过事件来进行论坛炒作也是一个不错的选择，如借热门事件，或者是直接策划一个事件都是可行的方法。如果策划的事件本身争议性足够大，还可以引发事件营销。比如凤姐，她的成名过程就是先通过在街头散发征婚传单从而制造事件，然后再将这个事件组织成帖子在论坛中传播，继而引起媒体的关注，一步步走红的。很多明星的所谓"炒作"正是利用了事件营销的方式，通过论坛等发言自由、讨论氛围浓厚的渠道，来引发更多人的好奇心理和发言欲望，从而达到一定的宣传效果。

故事：人人都喜欢看故事，尤其是和现实生活贴近的发生在别人身上的故事，更会引起大众的兴趣。所以如果能够编撰出好的故事，也会获得非常不错的效果。比如2010年的小月月事件，在事实中根本不存在，这个人物完全是编撰出来的，而小月月事件相关帖子中讲述的事件，也是一个彻头彻尾编撰出来的故事。

再举一个知名的酵母生产商安琪公司的案例：酵母在人们的常识中是蒸馒头和做面包的必需品，但不能直接食用。而安琪公司创造性地生产出了可以直接食用的酵母产品。但是作为一款人们所不熟知的甚至颠覆了消费者认知的新产品，推广的难度可想而知。鉴于此，安琪公司在营销的过程中就采用了故事营销的方式。

安琪公司借助了当时热播的以婆媳关系为主线的家庭伦理剧热潮，策划出了《一个馒头引发的婆媳大战》的论坛营销方案。由于当时婆媳关系的话题是网络上的热点之一，而且该帖又是通过第一人称讲述真人真事的方式发布，因此引发了网友的广泛讨论。营销人员适时地把讨论的话题转到了酵母的其他功能上去，让人们知道了酵母不仅可以用来蒸馒头，还可以直接食用，并且具有保健美容和减肥的功能，从而让关注婆媳问题的家庭主妇们记住了酵母的食用功能，改变了大家心里酵母只能用来做食品，不能直接食用的刻板印象。

● 制造不同阶段的话题

如果想要让论坛营销的效果具有持续性，就要像策划电视剧一样，针对不同阶段的实际情况制造不同的话题点。这也就是论坛营销和其他网络营销方式一个重要的区别。而且需要注意的是，这些话题应该跌宕起伏，情节牵动人心，出人意料，让用户感觉像看影视作品一样过瘾。不停制造新话题，才能让营销效果不断被放大。

● 双向互动设计

论坛营销最理想的状态就是帖子一出，应者无数，但是想要达到这种效果，在实际操作中总有很多不可控因素，想让用户主动参与进来，并且积极互动并不是那么容易。所以就需要提前设计好帖子的互动情节，必要的时候主动出击，制造气氛，以此来吸引和引导用户参与。

在具体设计时，主题要尽量紧扣社会热点，直击用户心灵，足够吸引用户的眼球。内容一定要和推广的产品有关联，并且能够引发用户的讨论。然后围绕主题，设计不同的观点与评论，要有故事、有情节。而且这些设计出来的回复应该自然而有序，一步一步引出产品，并最终引导用户围绕既定的话题进行讨论，尽量不要偏离产品。

● 阶段性的手段和方案

论坛营销的周期往往较长，由若干个不同的阶段组成，并且每个阶段都有着明确的作用和目的分工，因此在策划论坛营销方案的时候，需要提前设计好不同阶段的方案和相应的手段，包括不同阶段的传播点、传播平台、传播手段和与之相匹配的人力物力需求。

7.1.2.4 论坛营销经典案例解析

论坛营销具有投入小、见效快、方法多样的优势，但是在具体操作的过程中由于用户、引爆点和渠道的不可控性，会引发出很多不同的问题。因此需要理论结合实际，在具体案例的分析上汲取经验。

（1）小米社区

小米社区（如图7-9）是小米手机用户交流的平台，也是小米科技公司发布官方动态的媒介，于2011年8月1日正式对外上线。小米社区的口号是"因为米粉，所以小米"，旨在帮助小米用户发现有价值的资源、产品、服务甚至是人。小米社区目前成功建立九大板块即小米论坛、酷玩帮、摄影馆、小米学院、ROM、同城会、爆米花、商城和客服。根据小米社区官网和Alexa数据统计，截至2015年12月5日，小米论坛的注册用户突破三千万，日均访问量达57万。

小米社区基于强大的社区开放式分众互动平台，以小米论坛、小米学院、酷玩帮为主要载体，综合"技术匹配"和"人工优化"优势，进行分众互动传播，产品的精准研发与营销，打造用户体验一体化流程，使小米手机价值实现最大化。其中，小米论坛和小米学院主要作为小米产品营销平台以及新产品研发数据库，而酷玩帮、同城会和爆米花则成为小米科技公司和用户交流的场地。

小米社区通过爆米花、同城会以及酷玩帮来开展线上线下活动，"米粉"活跃范围由虚拟社区扩展到报纸杂志，最终延伸到"米粉"实际生活中，将"米粉"紧密联系在一起，极大提高了用户的黏性。"米粉"通过不同方式的交流和碰撞，彼此之间相互认同和融合，最终沉淀形成独特的"小米文化"。高质量的产品是小米文化传播的发动机，线上线下活动是小米文化的关系链，社区媒介则是小米文化传播的加速器。用户喜爱产品就愿意参与到口碑传播中，愿意把好的体验传递给身边的朋友。在用户传递口碑期间，小米公司通过组织线上线下活动把用户的零散意愿转为集中的活动，成功地践行"和用户一起玩"的核心理念。类似社区媒介的社交媒体传播速度快、覆盖范围广，小米公司通过社区沉淀下数十万核心用户。

图7-9　小米论坛社区主页

（2）凡客诚品

凡客诚品（VANCL）的案例是论坛营销中的经典。2010年凡客诚品邀请作家韩寒、演员王珞丹出任凡客诚品的形象代言人。韩寒版广告语为"爱网络，爱自由，爱晚起，爱夜间大排档，爱赛车，也爱29块的T-SHIRT，我不是什么旗手，不是谁的代言，我是韩寒，我只代表我自己。我和你一样，我是凡客"。王珞丹版广告语为"爱表演，不爱扮演；爱奋斗，也爱享受；爱漂亮衣服，更爱打折标签。不是米莱，不是钱小样，不是大明星，我是王珞丹。我没有什么特别，我很特别，我和别人不一样，我和你一样，我是凡客"。

这样个性鲜明的凡客体不但在豆瓣网、开心网等SNS平台上引发了广泛的模仿，更在天涯、知乎等论坛网站上掀起了山寨狂潮，各路明星被恶搞，比如郭德纲的纪梵希版及唐僧版。据不完全统计，当时有2000多张"凡客体"图片在各大论坛上疯狂转载。此外，论坛的发帖和留言中也有不少是网友个人和企业自娱自乐制作了"凡客体"，甚至还就"凡客体"形成了许多具体的话题。

7.2 电子地图营销

7.2.1 电子地图营销简介

随着GPS技术的发展，越来越多的网站开始发展电子地图服务，相伴而来的移动端APP也渐渐被更多的用户应用和熟悉，电子地图的营销功能随之被开发。通过几年的市场实践，电子地图营销的具体操作方式和手段也愈发多样化，比如在电子地图中标明市场经营网络及市场覆盖面；在电子地图上对市场进行划分；在广告创意、宣传中的运用等。

举个例子来说，在任何可以加入地图元素的网络广告中，"电子地图营销"都可以运用，在图中找到和品牌或者产品相关的地区，然后进行图注，例如对新疆的天山，甘肃的丝绸之路，宁夏的沙漠驼铃，陕西的兵马俑等旅游景区进行推广。

相对于传统的纸质地图，在线电子地图拥有更快的更新速度和更深厚的数据基础。电子地图不仅仅提供给用户位置、道路、交通、出行等信息，同时提供给用户娱乐、餐饮等生活相关的方方面面的信息。现在已经成为绝大多数用户出行前必需的查询和参考途径。电子地图已然成了互联网发展的新热点，各大门户和搜索引擎都在争相发展在线电子地图服务。

可见，电子地图本身的功能优势已经收获了用户的极大认可度，其发展趋势和规模也愈加扩大化，以电子地图为载体的营销推广也必然会借势而行，结合实际的市场需求发展出更加多样的形式，达到更好的宣传效果和更强的影响力。

以下对比较常用电子地图进行简单的功能介绍（百度地图将在7.2.4中详细介绍）。

（1）搜狗地图

搜狗地图（如图7-10）原名图行天下，成立于1999年，是中国第一家互联网地图服务网站，于2005年被搜狐收购，并改名为搜狗地图。搜狗地图是国内最早的面向公众服务的地图网站，提供全国城市生活信息、驾车路线导航、公交换乘服务。搜狗地图除了搜索、公交、自驾导航等地图的基本功能之外，另外还有多功能商店、路书、卫星图、手机地图等其他特色应用，全方位地满足了人们随时随地掌握出行生活的需要。

在最新升级的移动端V8.2.0版本中，用户还可在语音导航过程中，快速上报交通路况及路上发生的事件，将实时发生的交通事故同步到搜狗地图中。包括：修路、封路、窄路、摄像头分布等信息，并根据用户的上报内容智能躲避，此外，搜狗地图还能清晰地将真实路宽、道路名称、主辅路关系、道路标线、红绿灯、停车场等途中场景直观的标记在导航界面中。基于用户画像、用户的行为偏好数据，以及实时的路况信息，搜狗地图导航功能可以在最短的时间内给出最优路线。

图 7-10　搜狗地图主页

搜狗地图分类清晰，位置精准，在地图中搜索任意一个企业或者商户都能够轻松获取所有门店在地图上的具体位置，还可以点击搜索更加详细的信息，方便用户选择距离更加合适的门店。对企业来说，连锁企业通过电子地图营销的方式能够形成更加直观有效的销售网络，充分发挥O2O的优势。如在搜狗地图中搜索"中公教育"即能获取北京范围内所有门店的分布情况（如图7-11），无论是门店数量还是具体信息都能让用户在同一时间内看到，直观的地图效果不仅方便了用户有效选择适合自己的门店并准确找到位置，同时也展示出了企业的实力，比起单纯用数字说话更让人觉得可信，从而既达到营销效果，又有助于企业宣传，树立专业、良好的品牌形象。

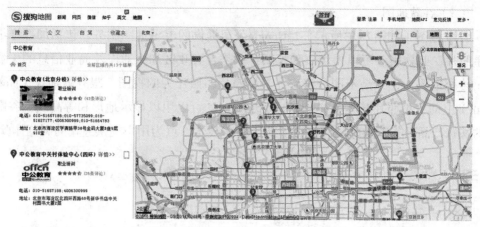

图 7-11　搜狗地图搜索 "中公教育" 结果

（2）高德地图

高德是中国领先的数字地图内容、导航和位置服务解决方案提供商。高德拥有导航电子地图、航空摄影和互联网地图服务三项甲级测绘资质，其优质的电子地图数据库是公司的核心竞争力。高德地图（如图7-12）是国内免费地图导航产品，也是基于位置的生活服务功能最全面，信息最丰富的手机地图之一，功能性方面也非常突出，地图数据覆盖中国内地及香港澳门，遍及337个地级2857个县级以上行政区划单位；导航支持GPS、基站、网络等多种方式一键定位。美食、酒店、演出、商场等各种深度POI点达5000多万条，衣食住行吃喝玩乐全方位海量生活信息可供搜索查询。自动生成"最短""最快""最省钱"等多种路线规划以供选择，可根据实时路况选择最优公交或驾车出行路线。

图 7-12　高德地图主页

（3）谷歌地图

谷歌地图（如图7-13所示）是Google公司提供的电子地图服务，包括局部详细的卫星照片。此款服务可以提供三种视图：一是含有政区和交通以及商业信息的矢量地图（传统地图）；二是不同分辨率的卫星照片，照片为俯视图，跟谷歌地球（Google Earth）上的卫星照片基本一样；三是地形视图，可以用以显示地形和等高线。谷歌地图的姊妹产品即谷歌地球，它整合了街景和3D技术，可为用户提供逼真的浏览体验。

图 7-13　谷歌地图主页

7.2.2 电子地图营销的意义

伴随着电子地图技术的逐渐成熟和用户的爆炸式增长，地图搜索和地图广告已成为互联网营销的又一大亮点。对于企业来讲，出现在地图上，并被搜索到，一定会带来新的商机。并且与其他渠道不同的是，地图营销的方式和某些产品或品牌的结合度更高，不但不会带来广告植入的突兀感，还能因提供了具体有效的信息而收获用户的好感度，因此这种营销方式的潜在客户的转化率相对较高。例如，在搜狗地图上，在北京的城市范围内，输入"教育培训机构"的查询条件，地图上面就会显示出已经参加标注的企业位置，并且会准确地标出检索人与各个企业的详细位置，形成一个标注点。标注点上面的信息框不但会告诉客户如何通过公交或者是自驾的方式找到企业位置，更重要的是会把周边设施、附近的交通等信息详细地展示给潜在的客户。需要相应服务的潜在客户就能够通过信息对比选择一家对于他来说，位置好，出行快捷的培训机构，这种高效率、准确的客户转化，是传统的互联网营销方式所不能比拟的。

随着用户对电子地图认知度的提升，越来越多的企业认识到电子地图在企业服务中的重要性。通过电子地图，企业的位置能一目了然，方便用户查找企业各个分店的位置和最佳到达路线，比起通过电话询问等传统方式，电子地图以更加简洁有效的方式解决了用户难题，在优化企业服务的同时赢得并巩固了用户。

电子地图这种营销方式，能够在宣传推广的同时，不引起用户的反感，反而起到巩固用户的作用，这一点是其他网络营销方式很难做到的。现在，越来越多的人在出行时都依靠GPS导航指路，用户想要去的地方城市不同、分类不同，使得电子地图营销可覆盖的企业领域范围极为广阔；同时，用户范围遍及全国各地使得电子地图营销在地域上也能达到相对全面的效果；最后，由于是用户有针对性的自主搜索，这就有利于企业的精专化分众营销。企业在投放电子地图广告时，不必过多考虑性别、年龄段、地域等用户的区别对需求率的影响，节省了时间成本和人力物力的同时，还可以通过对用户搜索数据的收集和分析，进一步确定产品定位。

电子地图具备的深厚用户积累和相对成熟的营销模式，为电子地图营销方式的发展打下了良好的物质基础。其次，电子地图投入少、效率高、分众准确等优势也是企业提高营销竞争力的必然方式，因此无论从电子地图本身的技术、用户还是企业选择来说，电子地图都具有极高的营销价值和发展空间。

7.2.3 电子地图营销特点

电子地图强调准确性、简单易用以及查询速度。以在线地图服务商Mapabc为例，Mapabc，在全国拥有逾千人的信息采集和实地测绘团队，并对电子地图进行实时更新，以此来确保地图数据的准确性。同时由于市场竞争，各家服务商的查询方式也越来越简洁，并且查询速度越来越快，在网络最为繁忙的时候，Mapabc的地图响应速度也能做到最慢至1秒。这些行业竞争带来的结果，对于用户来说绝对是好事。

电子地图的另外一个特点是使用方便，无论是通过互联网还是手机都能够方便接触到并使用。出行前用电脑通过互联网地图规划路线、查找目的地，路上则可以用手机连接无线网络，通过手机地图随时修正路线和辨识方向。

7.2.4 百度地图营销操作实例

百度2016年第三季度财报显示：百度地图月活跃用户数已达3.48亿，同比增长7%，POI（地图兴趣点）总数已达1.2亿，开放平台日均响应全球定位请求330亿次，国际化地图已上线103个国家和地区。继百度世界大会之后，Q3财报进一步显示出百度地图在持续优化用户体验、打造智能出行平台等方面的显著进展。可见，在电子地图营销领域，百度地图无论从影响力还是发展空间上都占有极大优势，以下是百度地图营销的具体操作步骤：

（1）注册或登录百度账号。

（2）打开百度地图（如图7-14），并点击页面最下方工具栏中的"商户免费标注"（如图7-15）。

图 7-14　百度地图主页

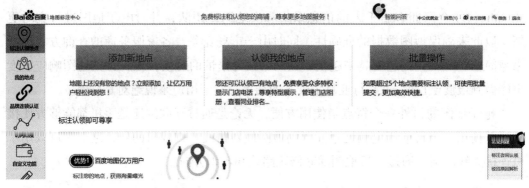

图 7-15　百度地图注册中心页面

（3）点击"添加新地点"填写商户主要信息（如图7-16），主要包括名称、地点、管理者信息等。需要注意的是，商铺名称中不能出现乱码、空格、标点、不明字符，总数不能超过20个汉字；地点标注要尽量精确，越具体越方便用户找到。

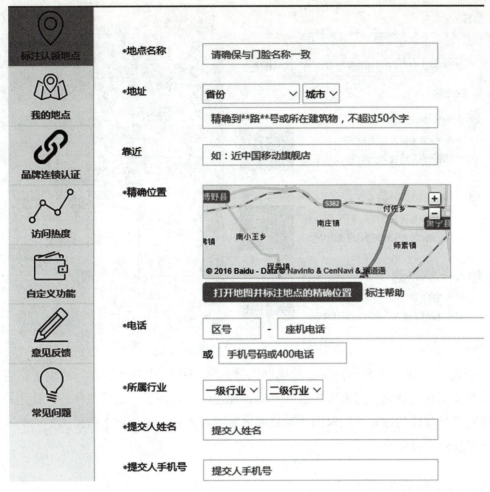

图 7-16　百度地图商户信息注册页

在商户添加成功之后，店铺信息将会出现在地图定位上，如果和用户搜索的美食、酒店或者企业等分类相符时，添加的商户定位和一些具体信息将会以具体定位点的方式出现在用户的眼前（如图7-17），以供选择。

除此之外，电子地图更提供到达商户的多种具体交通方式，还有实况全景、实时路线规划功能，可以帮助用户正确便捷地找到相应商户。

百度地图中的商户注册和大众点评网相互连接，既可以通过电子地图在搜索位置的同时获取更详细的商户信息，又可以通过在大众点评网搜索商户，然后直接进行百度地图的路线规划，可以说是一种电子地图与点评网站组合营销的方式，方便了用户的同时，增加了商户的曝光率，达到更好的宣传效果。

图 7-17　地图具体商户搜索定位信息

通过这样的方式能够将自己的信息无缝式地与地图功能相结合，减少了广告植入式的突兀感，达到信息推广扩散的效果，加之电子地图带来的便捷体验，让用户更加容易接受这样的方式。同时图片和具体信息的添加还一定程度上激发人们的购买欲望，促进营销目标的实现。

7.3 点评类网站营销

7.3.1 点评类网站简介

在这个充斥着单向广告传播的商业年代，想要吸引消费者的注意，就需要从营销的渠道和方式上充分考虑到消费者的行为习惯和喜好，发展交互式的营销模式。因为对于消费者而言，那种能够参与其中的并且自然形成的营销传播模式更容易被信任和接受，点评类网站恰恰兼具这两个特性，所以说这种点评类营销模式的传播威力是一股不可忽视的营销力量。

营销推广的过程有三个阶段：认知、情感和行为。即首先通过双向互动式的传播形成消费者对于某产品或是品牌的认知了解。其次，在整个过程中提供符合消费者心理预期的信息，并树立品牌或企业形象，从而加强产品或品牌在消费者心中的好感度，形成信赖甚至偏爱，从消费者情感角度出发，培养消费者对产品或品牌的信任度和忠诚度。最后是行为引导方面，借力于前期打下的认知和情感基础，通过多种渠道的宣传和营销活动，影响到消费者最终的行为模式，也就是主动地购买甚至养成购买习惯。

点评类网站营销，正满足了消费者的心理需求和以上三方面的过程模式，用户通过自主搜索就能够获取详细信息，打分和留言点评的机制更加强了信息的可信度。传播最初始的方式即人际之间的口头传播，之后随着文字的普及而发展成为文字传播，这两种方式即使在媒介传播已经高度发达的今天，仍然占据着不可取代的重要位置，可见受众对于来自于其他人的语言性和文字性的信息会具有较高的信任度。点评类网站的留言点评机制，利用网络平台技术给广大消费者提供了一个文字化的人际传播场所，可以发表和交流对于某个产品、品牌和企业的看法和消费体验，还可以通过打分的形式将这些感受进行量化，而最终这些信息将一起对其他用户的消费选择产生影响。

举例来说，当来到一个相对陌生的城市，在想要找地方吃饭的时候，拿出手机，在点评类APP中进行周边搜索会得到很多结果，而在具体选择的时候，会关注到其他用户的留言和对某道菜品的推荐等信息。

本着精专化分众营销的理念，点评类网站和论坛社区等高互动性的平台均对具体信息进行了分类，每个网站的领域各有侧重。比如，生活服务类的大众点评，电影书籍音乐等文艺类的豆瓣网，商家口碑类的百度口碑等。

以下是对各个领域权威性较高的点评类网站的简单介绍：

（1）大众点评

大众点评网（如图7-18）于2003年4月成立于上海，是中国领先的本地生活信息及交易平台，也是全球最早建立的独立第三方消费点评网站。大众点评不仅为用户提供商户信息、消费点评及消费优惠等信息服务，同时亦提供团购、餐厅预订、外卖及电子会员卡等O2O交易服务。大众点评网一直致力于城市消费体验的沟通和聚合，在这里，几乎所有的信息都来源于大众，服务于大众。每个人都可以自由发表对商家的评论，好则誉之，差则贬之，向大家分享自己的消费心得。

大众点评手机客户端则利用互联网的特点，为不同地理位置上的用户制定了个性化的服务，其团购功能是高效的短期营销工具。大众点评客户端能够精确地传递优惠信息，通过优惠券持续刺激消费者消费欲望，输入关键词能为潜在客户精准定位商家。大众点评个性化的页面设计及能够及时进行市场反馈的城市通功能，能全方位地为用户提供餐饮、购物、休闲娱乐及生活等各领域的服务。

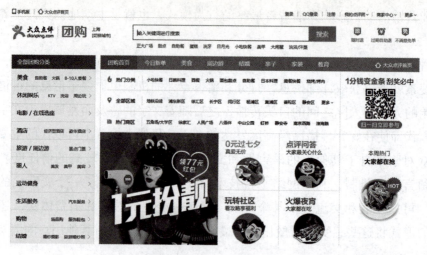

图7-18　大众点评网主页

以大众点评网为代表的生活服务类点评网站除了其推荐功能迎合了大众需求之外，团购功能也给大众的消费方式带来了很大影响，这种易获得且应用方便的"电子优惠券"是很多人乐于浏览点评类网站和下载手机APP的重要理由。近年来，团购用户规模呈明显上升趋势（如图7-19），这也预示着未来点评类网站营销的新方向，可以更多地在电子优惠券方面进行创新和发展。

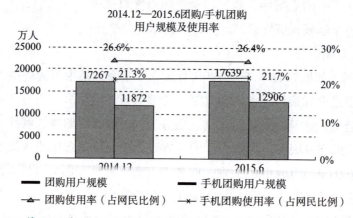

图7-19　第36次中国互联网发展状况统计：团购／手机团购用户规模及使用率

（2）豆瓣网

豆瓣网（如图7-20）是一个社区网站，创立于2005年3月6日。该网站以书影音起家，提供关于书籍、电影、音乐等作品的信息，无论描述还是评论都由用户提供，是Web2.0网站中具有特色的一个网站。在豆瓣上，网友可以自由发表有关书籍、电影、音乐的评论，也可以搜索别人的推荐，所有的内容、分类、筛选、排序都由用户产生和决定，甚至在豆瓣主页出现的内容也取决于用户自身的选择。网站还提供书影音推荐、线下同城活动、小组话题交流、豆瓣FM、豆瓣东西、豆瓣市集等多种服务功能，它更像一个集品味系统、表达系统和交流系统于一体的创新网络服务，一直致力于帮助都市人群发现生活中有用的事物。豆瓣的用户规模多年稳健增长，2012年月度覆盖用户超过一亿，用户们热衷参与各种有趣的线上、线下活动，拥有各种鬼马创意，是互联网上流行风尚的发起者和推动者。豆瓣擅长从海量用户的行为中挖掘和创造新的价值，并通过多种方式返还给用户。

图7-20 豆瓣网主页

（3）百度口碑

百度口碑（如图7-21）是以商家口碑为主题的UGC聚合互动平台，汇聚了来自真实网友、行业专家、法律顾问、媒体的商家口碑内容，也有来自商家的反馈。

用户可以在百度口碑搜索自己关注的商家口碑，发表自己对商家的看法，发表与商家交易中具体的经历，表扬或吐槽不限，只要真实，百度口碑官方就永不删除；口碑拥有真实的消费者曝光案例，会有行业专家、法律顾问提供专业点评，教用户维护自己的合法权益。

图7-21 百度口碑主页

7.3.2 点评类网站营销实例操作

点评类网站营销在实际操作中主要由三个组成部分：商户添加、小号点评和权威账号点评。下面将以大众点评为例说明。

（1）"商户添加"的具体步骤

首先，登录大众评网，并找到添加商户选项的位置进行商户添加（如图7-22）。

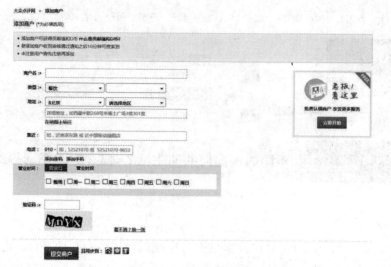

图 7-22 大众点评网商户添加

然后，填写具体商户信息，包括名称、类型、地址、电话等信息，然后在地图上标明位置。

最后，信息和具体位置提交之后，上传添加商户图片。

（2）"小号点评"的意义

需要明确的是，首次点评的人员，虽然没有很高的认知度，但是依然有机会被大众点评官方设置为默认点评。因此，对于店铺拥有企业来说，要随时去维护相关的评论工作。可以每天让客户，或者自己注册一些小号，来进行点评工作。

（3）"权威账号"的价值

"权威账号"在模式上类似于"百度行家"这些认证机制，作用也是大同小异，如果得到权威账号的好评，能够使得商家更加让人放心，提升口碑。关于如何获得权威账号的点评、好评，总的来说有以下三种方法：第一种，也是最基础和保险的一种，就是合理利用客户资源，让客户成为最好的口碑推广者；第二种，同样是利用用户口碑评价，但其目标不是普通用户，而是权威会员，联系权威会员，免费试用产品，然后让他们在平台上写一些好的点评；第三种方式，不用通过用户积累，能够短期内快速获得"权威账号"，方法就是直接到淘宝购买，但是这种方法相对成本较高，也要承担一定风险，所以不推荐。

7.4 分类信息网站营销

7.4.1 分类信息网站营销简介

分类信息网站营销又称为分类信息广告，是一种主动广告。在日常生活中电视、报刊上所看到的广告，往往是不顾受众意愿具有强加性质的广告，即被动广告，而主动广告则是指人们主动去查询招聘、租房、旅游等方面信息的自主获取过程。分类信息网站营销正是发挥了这种更加迎合消费者心理的主动广告方式，将涉及日常生活方方面面的信息整理归类成为明确分类的资讯，供用户获得免费、便利的信息发布服务，包括二手物品交易、二手车买卖、房屋租售、招聘、兼职、求职、交友活动、家政服务信息等。

以下是对流量较大权重较高的分类信息网站进行介绍。

（1）58同城网

58同城网（如图7-23）成立于2005年12月12日，总部设在北京，截至2016年第一季度数据，其在全国范围内共拥有30家分公司，并在465个城市建立了网络平台。网站定位为本地社区及免费分类信息服务，帮助人们解决生活和工作所遇到的难题。本地化、自主免费、真实高效是58同城网的三大特色。其服务覆盖生活的各个领域，提供房屋租售、招聘求职、二手买卖、汽车租售、宠物票务、餐饮娱乐、旅游交友等多种生活信息，覆盖中国所有大中城市。同时还为商家建立了全方位的市场营销解决方案，提供网站、直投杂志《生活圈》《好生活》、杂志展架、LED广告屏"社区快告"等多项服务，并为商家提供精准定向推广的多种产品，如"网邻通""名店推荐"等。其中"名店推荐"产品首次在行业内针对网络商户一直面临的信用体系问题，推出"万元先行赔付计划"，在行业内开了先河。58同城网同时也为商业合作伙伴提供最准确的目标消费群体、最直接的产品与服务展示平台、最有效的市场营销效果以及客户关系管理等多方面服务。

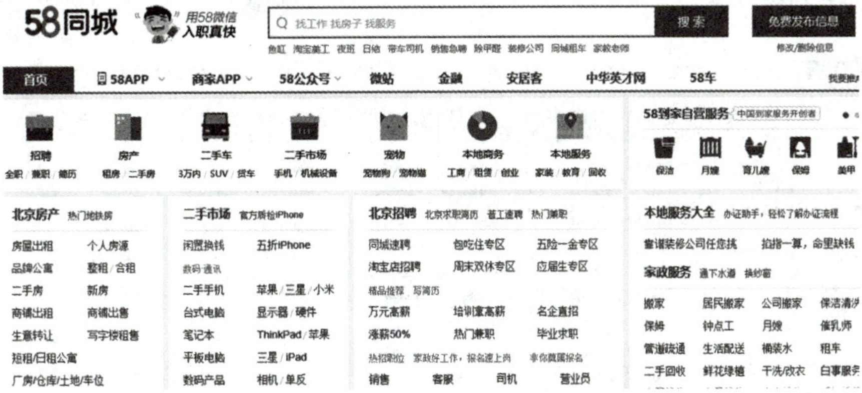

图 7-23　58同城网主页

（2）赶集网

赶集网（如图7-24）成立于2005年，是专业的分类信息网，为用户提供房屋租售、二手物品买卖、招聘求职、车辆买卖、宠物票务、教育培训、同城活动及交友、团购等众多本地生活及商务服务类信息。赶集网总部位于北京，在上海、广州、深圳设有分公司，并在全国375个主要城市开通分站，服务遍布人们日常生活的各个领域。网站的主要板块有：招聘、租房、二手房、二手网、二手车、生活服务等。

图 7-24　赶集网主页

（3）百姓网

百姓网（如图7-25）成立于2005年3月1日，是国内分类信息网站之一。截至2016年9月，百姓网月活跃用户数过亿，月新增信息量超过千万条，覆盖全国367个城市。其中，来自移动的流量已超过全站流量的90%。其致力于提供"人人都可广而告之"的分类平台，帮助用户免费查找和发布二手物品交易、二手车买卖、房屋租售、招聘求职、交友活动、宠物领养、生活服务等本地生活信息。通过百姓网的平台，各种各样的生活需求方便地被连接了起来，让人们享受到网络带来的便利。

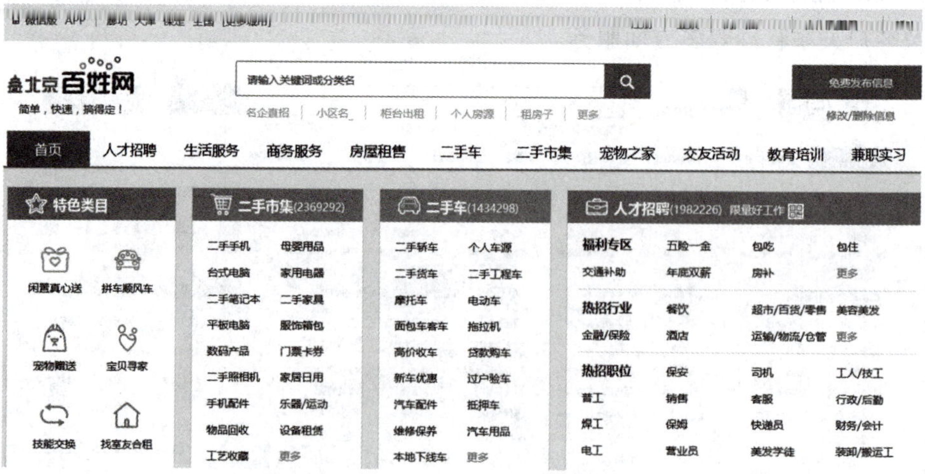

图 7-25　百姓网主页

（4）易登网

易登网（如图7-26）开通于2004年10月份，是国内最早的分类信息平台之一，类别包括房屋出租/交易、求职/招聘、商品/二手货、社区、生活服务以及一些其他商务信息等。易登网于2007年加入国际分类信息网站群OLX，共同拓展国际分类信息市场，为各行各业销售提供了交易平台，使消费者更好地了解市场，从而更好地为网络营销提供了基础性平台。除此之外，易登网基于高度结构化的多维信息模型，使用极其简洁明快的用户界面，使用户能快速有效地找到所需要的信息，发布的信息能够最大限度地到达目标人群。

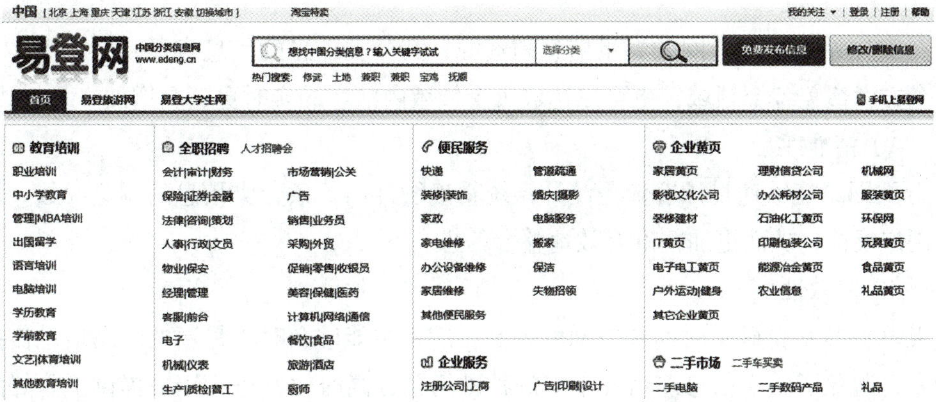

图 7-26　易登网主页

（5）列表网

列表网（如图7-27）成立于2007年7月，目前已经成为最具影响力和活力的中文分类信息网站之一，日访问量上百万次。列表网面向中文用户，让用户通过互联网获取和发布商品及服务信息，用户可以在此及时、有效地发布各类分类广告。

图 7-27　列表网主页

7.4.2 分类信息网站营销的意义

分类信息网站能够将营销推广信息发表在相应的版块，让有需求的用户搜索到，这样一来，在分类信息网站平台进行产品、品牌、服务等营销活动策划就可以更加有针对性地让有需求的用户看到，大大提升了分类的精准性。分类信息网站的营销基于以下四大优势特性，使得其推广能力和营销效果有所保障。

（1）便捷性

用户能够按照自己的选择，亲身体验产品、服务等。主要是指用户在进行信息搜索的时候，更具自主选择性，有效避免了无意义的杂乱信息，提高了使用效率。

（2）海量性

分类网站基于互联网的海量信息和资源，其分类信息的信息容量几乎无限，不仅可以全方面覆盖各个领域，更可以达成每个领域内信息的实时更新和增加。

（3）精准性

分类网站能够通过访客流量统计系统精确统计出每条分类信息的浏览次数，及时了解用户反馈，从而更加精准有效地整合信息。

（4）时效性

互联网技术打破了时间和空间的限制，广告主能够及时将最新的产品信息传播给消费者，避免了由于信息滞后性带来的种种问题，高时效性也为用户提供了更好的体验，有利于提高用户的使用率。

7.4.3 分类信息网站营销特点

分类信息网站可以很好地打造产品的品牌，起到推广的作用。在具体的营销实践中，这种推广方法有以下一些显著的特点，加以恰当运用能够起到很好的营销效果。

（1）可以增加SEO外链。虽然现在很多分类信息网站不让提供联系方式或相关网址，但使用一些技巧还是可以加上去。

（2）属于辅助SEM的一种重要方式。通过在用户群中树立品牌，增加用户群的认知度，可以起到引导用户群消费的重要作用。

（3）比较适合销售。属于辅助SEM方式的一种延续，产品销售人员可以很好地利用这个分析信息网站的推广方式。

7.4.4 分类信息网站营销技巧

分类信息网站在进行营销推广时的具体步骤没有什么特殊之处，只需按照操作提示填写信息即可，与百科平台、点评类网站类似。所以，需要深入了解的是，如何在分类信息网站以上特点的基础上，辅以简单的填写技巧，恰如其分地发挥出分类信息网站在营销中的优势。总的来说，有以下几点需要注意：

（1）一定要根据自己时间和精力选择平台。无论是个人还是企业，时间肯定相当有限，所以节省时间成本，高效行事很有必要。根据实际情况可以选择效果最好的一个或两个分类信息网站，做好做精，切忌贪图多而杂，费时费力还不一定有效果。

（2）选好地区，选好行业分类。一定要根据自己的产品特性和消费群体目标来进行选择。

（3）根据SEO的标题的原则来写标题。SEO的原则就是符合用户的搜索习惯，用户喜欢怎么去搜，它可能是一句比较简单的提问式的话题，比如一些学历有限的用户想要获得相对收入更好的工作，他们一定知道学历和技能对工作有着重要的影响，因此会想要去了解一些成人教育课程或技术培训，但对具体学什么、学多久没有一个清晰的概念，这时他们想获得帮助，可能就会上网搜索，SEO原则就是琢磨这类用户会输入哪些词去搜索。多数人可能会进行"哪种培训课程更好就业？"等类似的问答式的搜索，如果这时以这个标题写上一篇文章，就会带来很多的流量。这就是标题要符合用户搜索习惯的道理。

（4）内容要突出差异化，并且合理布局关键词。这就要求充分掌握自己产品的特点，将自己产品的优点尽可能地最大化，甚至可以夸张化，尽可能地让用户注意并且记住它。

（5）发帖中一定要加图片。现在有一些分类信息网站，对内容中留下的网址审核比较严格，但通过传图片的方式也可以达到相同的营销效果，在图片中要充分地展示产品，并且可以留网址或联系方式，必要的情况下还可以制作长图，将信息尽可能全面地集中起来，方便用户可以很轻松地找到相关信息。

7.5 目录网站营销

7.5.1 目录网站简介

目录类网站也称网站分类目录，是指通过人工的方式收集网站资源，并把这些拥有一定价值的网站资源通过人工的方式对网站的主题进行整理组织之后，存放到相应的目录下面，从而形成网站分类目录的体系，简而言之就是指收录各种网络站点的网站。目录类网站主要分为纯目录站、黄页站和导航站，纯目录站以DMOZ为主要代表，主要是提供人工目录服务。黄页站则更类似于书籍目录，是很多分类网站将主要信息分类整合在一个页面形成的目录，比如赶集黄页、易登网黄页等。相比于前两者，导航类网站更加常见，在营销中的应用也更加广泛。

接下来就对主要的几个导航类网站进行简单介绍。

（1）hao123

hao123（如图7-28）是一个上网导航，是百度旗下核心产品，是一个及时收录包括音乐、视频、小说、游戏等热门分类的网站，与搜索完美结合，为中国互联网用户提供最简单便捷的网上导航服务。hao123网站产品对不同用户人群进行个性化推荐。至今，hao123首页已经进行了多次内容化改版尝试，左侧有不同类型榜单推荐，包括：新闻、影视、游戏、应用等。中间部分有与二级栏目连通的兴趣导航，用户可以根据自己的兴趣进行个性化定制，具体包括：网址、影视、资讯、小说、购物等，并将会继续逐步增加。下侧有轻松区域，旨在满足打发无聊时间的用户，具体版块包括：热搜、八卦、音乐、搞笑图片等内容。为了让用户在最短的时间找到自己想要的内容，hao123团队仍持续进行内容化、个性化创新改版。

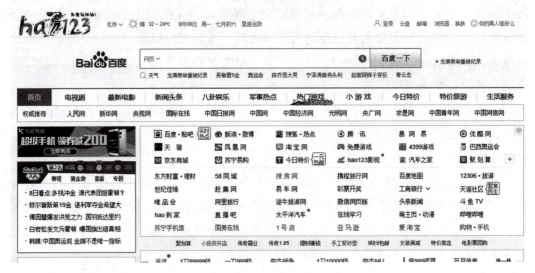

图7-28　hao123网站主页

（2）360导航

360导航（如图7-29）是新一代安全上网导航，为用户提供门户、新闻、视频、游戏、小说、彩票等各种分类的优秀内容和网站的入口，提供最简单便捷的上网导航服务。

360安全网址的宗旨是方便网友们快速找到自己需要的网站，而不用去记太多复杂的网址。其中"我的导航"功能能让网友快速收藏喜爱的网站；同时提供多种搜索引擎入口、实用工具、快速充值、天气预报、团购导航、地方导航等特色服务。

360导航首创了"网址+APP聚合"的模式，使得导航网站的APP化、个性化、地域化、工具化等特点，已经成为业内其他网址站的效仿对象。

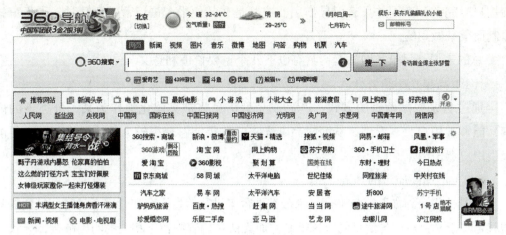

图 7-29　360 安全导航网站主页

（3）114啦

114啦网址导航（如图7-30），是最实用的上网导航，它提供多个搜索引擎入口、便民查询工具、天气预报、邮箱登录、新闻阅读等上网常用服务，提供最快捷高效的导航帮助，并努力让更多优秀网站进入网友的视野，是网民上网浏览器主页的首选。114啦网址导航致力于打造国内最专业实用的"上网百科全书"，也是最广泛有效的商业资讯的传播平台，其内容涉及领域广泛，功能丰富，包括天气预报、日历、邮箱登录、星座、名站导航、新闻、军事、娱乐、八卦焦点、游戏、网购等分类模块，为用户提供了全面的服务体系。

图 7-30　114 啦网站主页

7.5.2 目录网站营销的意义

目录类网站虽然在交互性体验方面不如论坛社区、点评类网站等平台，但是其具有的收录信息广泛和覆盖领域全面的优势也是其他平台无法取代的。在目录类网站进行营销，能够有效将产品或品牌信息以网站链接的方式进行发布，能够保证信息传达给用户时完整、全面并具有引导作用。这些是在其他平台进行营销活动时，碍于审核机制而很难做到的。

总的来说，目录类网站营销具有以下几个重要价值和意义。

（1）高曝光率和浏览量

通过目录网站营销的方式，产品或品牌信息将被具体化地作为某一分类下的内容，能够被用户直观看到，从而提高曝光率。如果能够获得较为靠前的排名，就更能吸引用户点击浏览。

（2）增加高质量的外链

在其他平台，如百科类平台、论坛类平台等进行信息推广和营销活动时，最大的问题就是碍于平台对广告信息的审核机制，而无法在内容中留下相关的明确链接，导致用户没有办法对推广内容直接进行浏览。而在目录类网站中，链接成了一个正常存在的形式和内容，这就使得在进行营销时，方便留下更多高质量的外链，使得用户能够直接点击进入。

（3）提升网站形象

目录类网站以精准化的分类和专业化的领域设置为用户所熟知，因此在目录类网站进行营销有利于塑造和树立产品、品牌或企业的专业化良好形象。

7.5.3 目录网站营销实例操作

在目录类网站进行营销宣传，首先，找到适合自己产品、品牌或者企业的网站并进入"收录申请"页面（114啦申请页面如图7-31）。

图7-31　114啦"收入申请"页面

然后，根据要求填写具体信息，保证信息真实清楚，并符合网站填写规则和要求即可。

基本步骤并不困难，但是有一些具体的问题需要注意到：首先在对产品、品牌和企业描述时要选择最相关的目录分类，以保证用户在搜索时能明确精准地获得信息；其次对网站的描述要客观，不要带有过多明显的宣传性语言，而且网站内容要以原创为主；最后，细节上要仔细检查，保证网站上联系方式与提交信息一致，并且添加的网站链接可以打开。

本章小结

　　本章就论坛营销、电子地图营销、点评类网站营销、分类信息网站营销和目录类网站营销这五种在营销活动中经常被企业忽视、消费者也很少注意到的营销方式进行了具体讲解。随着媒体技术的不断发展和营销手段的不断丰富，多种渠道组合营销是一个大趋势，因此不仅要做好微信微博等与消费者和潜在消费群体进行交互式活动的媒介平台，更要有针对性地加入其他方式进行优化组合以达到更好的营销效果。手机APP等移动端的普及发展和网站功能的细化发展，使得人们逐渐依赖于自主信息搜索方式，在这样的现实背景下，本章介绍的五种依托于功能性网站和手机APP相结合的方式，极大程度上满足了用户的需求，加之这些平台上的广告植入往往更像是普通的信息介绍，降低了用户的心理防御，能够达到"润物细无声"的效果，弥补其他营销方式的不足，最终共同起到加深消费者对产品、品牌和企业的认识，影响消费者购买行为的良好作用。

第8章
新媒体运营职业发展与规划

在互联网高速发展的今天，自媒体已经深度融入到了人类的生活中。人类对于自媒体的依赖程度高于其他任何一种媒介形式，新媒体运营活动的产生及活动形式的多样化推动了新媒体运营职业的产生和多样化。本章将从新媒体运营职业发展与规划的方方面面入手，帮助大家了解整个新媒体行业的现状、岗位需求、任职要求、薪资待遇及职业发展方向。

8.1 新媒体运营招聘现状及岗位要求

8.1.1 新媒体运营招聘现状

近几年来，数字技术、网络技术和通信技术介入媒体的构成当中，创造出诸多被称之为新媒体的媒体形态。短短几年间，我国的传统媒体界、新媒体机构及媒体用户都真切地感受到了新媒体给信息传播及生活带来的巨大改变。全球信息网络以及通信技术的迅猛发展将传媒行业带入了一个崭新的时代，一大批网络新媒体如雨后春笋般成长起来。目前仅在中国，注册的网站数量达到60多万，在网络新媒体迅猛发展的同时，相对于传统运营媒体来说一个比较新颖的职业——新媒体人，也炙手可热起来。近些年来，新媒体人才需求量十分巨大（如图8-1），每年20%的人才需求增长、30%的薪资增长。专家预计，在未来3至5年内，中国新媒体人才的缺口将达60万人之多。

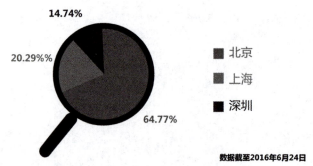

图 8-1 北上深新媒体岗位需求比

随着人们对新媒体消费的增多，新媒体市场将从资源扩张变成价值扩大，给用户带来更有价值的内容。而同时，又会有更多的消费者将钱花在新媒体上面，有很多不同规模和实力的企业进入该行业，人才的紧缺也由之而生。各大公司往往都是求贤若渴，却也很难招到合适的人才，或者人招了却发现不能很好地完成任务，这已经成为制约企业开展新媒体营销及进行品牌传播时的巨大瓶颈。同时从各大互联网招聘网站可以发现，新媒体人才的招聘几乎是每个企业的刚需。

图8-2为拉勾网上新媒体运营相关岗位的招聘需求量。

新媒体运营		×
新媒体运营	大于450个职位	职位
新媒体运营专员	大于450个职位	
新媒体运营经理	大于450个职位	
新媒体运营主管	大于450个职位	
新媒体运营实习	大于450个职位	
新媒体运营编辑	大于450个职位	
新媒体运营总监	大于450个职位	
新媒体运营推广	大于450个职位	
新媒体运营助理	大于450个职位	
新媒体运营主管/经理	大于450个职位	

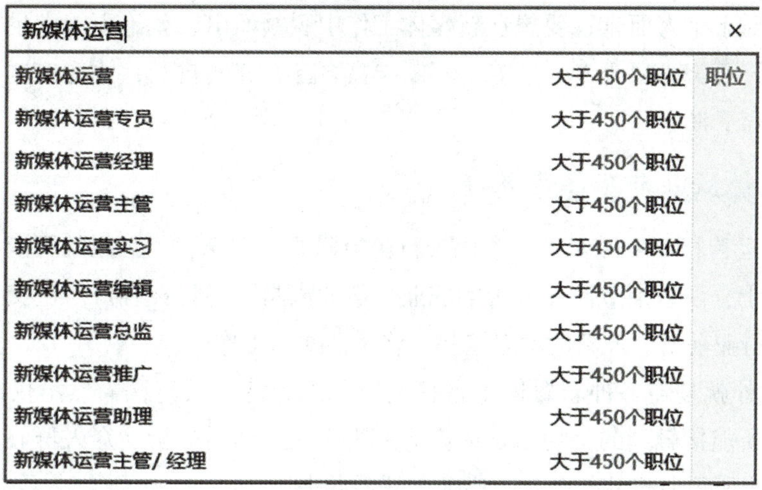

图 8-2　拉勾网新媒体招聘

图8-3为猎聘网新媒体运营相关岗位的招聘需求量。

新媒体运营		猎聘一下
新媒体运营策划经理	北京海象世纪信息服务有限公司	12-23万
新媒体运营	北京财鲸信息科技有限公司	13-26万
新媒体运营主管	广州转型文化传播有限公司	7-14万
新媒体运营	盛世管家金融信息服务（上海）有…	5-10万
新媒体运营	深圳市世纪联合文化传播有限公司	5-11万

"新媒体运营"搜索结果后面还有2247个，立即注册查看全部职位

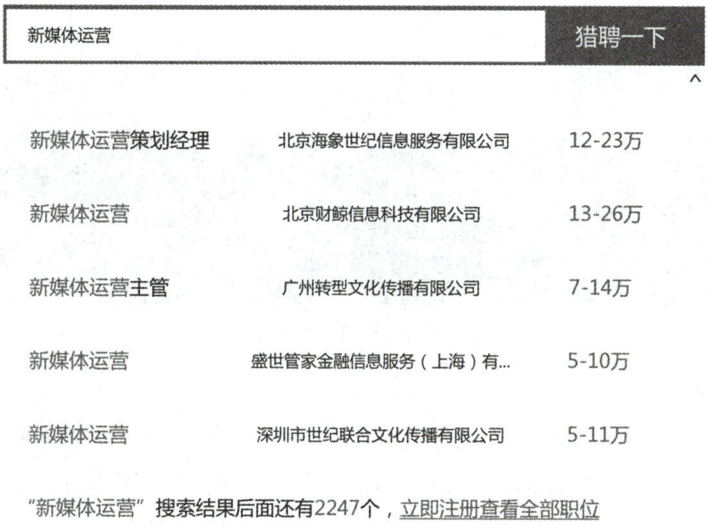

图 8-3　猎聘网新媒体招聘

图8-4为看准网新媒体运营相关岗位招聘需求量。

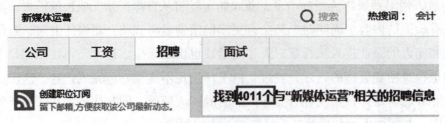

图 8-4 　看准网新媒体招聘

从以上各大招聘网站发布的新媒体运营岗位需求不难发现，新媒体运营人才空缺依旧很大。对于个人而言，要想在新媒体工作中脱颖而出，就绝不能满足于现有的专业知识水平，要努力提升专业素养，不断丰富自己，充实自己，才能在这个日新月异的时代中生存下来。

8.1.2 新媒体从业者职业素养

新媒体运营相对来说属于一个比较新颖的职业，它充满了无限的可能与挑战，同时也是一个十分注意细节而又辛苦的职业。从业人员要与目标客户产生交互，要无时无刻不关注行业前沿、最新的动态走势，将生活融入工作中。

除此之外就是与各种新媒体平台打交道，如微博、微信，当然不仅仅局限于这些，生活中所能接触到的一切新媒体都会成为工具，然后分析受众人群心理，迎合客户，了解客户所思所想并与产品（服务）联系起来。

最后就需要有自己的观点和看法并能为之做出适时的调整。其实，从宏观上看新媒体运营的招聘现状和职位要求，可以看到许多单位开出的用人条件归根到底就两点：岗位职责和任职要求。

8.1.2.1 岗位职责（如图 8-5）

图 8-5 　新媒体运营岗位职责

（1）运营推广

运营推广的实质就相当于公司企划部门，全面负责公司的企划纲要及企划工作计划的制定和实施，因此新媒体运营职业者的工作就必须涵盖各类新媒体平台的所有日常运营和推广工作，包括及时和粉丝的互动、定时定量地推送相关内容，微博、微信公众号的发文，短信营销，与其他新媒体合作，平台互动，EDM营销，软文投放，热点营销以及事件营销等。

（2）活动策划

策划好比指挥打仗的参谋、军师，是为实际作战出谋划策的那个人。新媒体人应具备策划活动的能力，能针对平台成长、产品促销、新品上市、成立周年、节日等进行活动策划，包括专题策划、推广执行、效果追踪、优化调整、数据分析等。

（3）提活、拉新、留存

提活、拉新、留存也就是指刺激用户活跃互动，为产品带来新用户以及留住用户。

新媒体运营主要是以新型手段为载体进行传播，故新媒体运营职业者应对包括新媒体平台线上、线下、站内、站外的推广工作负责，提升新媒体平台用户的活跃度，增加有效的粉丝数量，从而提升品牌的黏性。

（4）资源整合与商务合作

能够整理并合理利用资源，促成商务合作。负责整合公司现有的各类线上、线下推广资源及对外可利用合作推广的资源，积极拓展新媒体平台资源，主要针对对外媒体合作资源、官方平台资源（如置换广告资源等）及账号互推。

（5）运营方法和平台拓新

能及时挖掘最新新媒体平台和新媒体运营方法与技巧，及时更新、学习当下最新新媒体运营成果文案，以期提升公司整体新媒体运营水平。

（6）舆情监控和危机公关

新媒体运营在传播过程中需要及时的舆情监控和危机公关，可通过微博监测与企业名称、企业品牌、企业产品或服务的相关关键词实现舆情的监控和危机的处理。

8.1.2.2 任职要求

（1）专业知识与数据分析能力

具备新媒体平台（微博、微信等）运营的专业知识、新媒体各平台的运营数据及活动数据的分析能力。

（2）辅助工具与素质要求

能够熟练掌握并应用主要包含PS、DW、EXCEL、WORD等辅助工具，具备基本的沟通能力如跨部门、跨平台沟通协作能力、语言表达能力、执行力等。

（3）工作经验

最好具备网站运营、自媒体、平台实操经验、线上活动、团队管理等相关工作经验。

（4）新闻敏感性和案件储备

善于捕捉社会热点并及时运用，最好提供本人参与或行业知名的成功案例，具有文案策划功底，可快速撰写新闻事件、产品描述、评测等文章，可以策划简单的借势营销文案。

（5）文案策划和自媒体

能够熟练掌握并应用主流自媒体平台运营方式，对账号有实战操作经验。

8.1.2.3 新媒体人才必备条件

（1）"网感"

新媒体人需要具备抓热点、数据分析、信息搜集等能力。无论是纯媒体，还是企业的新媒体，对趋势的把握都是关键，更关键的是，要在众多趋势中，坚持自己的取向，而不是所有趋势都追逐，有些趋势会破坏本身的价值观。

（2）整合

新媒体人整合素材、资源的能力要强。一方面需要从庞杂的资料中分辨真假，与关键信息结合；另一方面也需要从简单的信息中深度挖掘，从素材中发掘关联，发展成完整延伸的内容。

（3）文采

所有的事情都可以找到发生的结构和场景，它的存在是有逻辑的，它的发生是有走向的，文采是为这些内在的逻辑服务的，不能只看文章的文字。

8.1.2.4 多元化技能

现在具备多重素养的人才是未来人才需求的大趋势，故针对多元的技能需求提出以下几点建议：

（1）人脉关系

人脉一词由叶脉而来，叶片中叶脉扩展分布成网络，而人与人之间相识相处，建立各种关系，关系相互传递而形成网络。新媒体运营同样也需要这样的人脉关系进行发展与壮大，可以通过账号资源、运营圈子、官方圈子、网红资源等方式实现。

（2）账号资源

账号资源也叫资源共享，所谓资源共享就是说你的账号资源可以被别人使用，同时你也可以使用别人的账号资源。通过资源共享，大家可以互相分享资源，提高资源的利用效率。

（3）运营圈子

从基础的层面来讲，运营要关注和涉及的工作通常包括了如下三方面——拉新、留存、促活。

●拉新

就是为产品带来新用户。带来新用户的手段和途径是多种多样的，可以是策划和制造一个具有传播性的话题和事件，可以是投放广告，可以是居于站内做个活动，还可以是通过微博、微信等。因而，在拉新的层面上，一个运营活动可能会涉及以上各种手段中的一种或多种。

●留存

即通过各种运营手段确保用户被拉到产品和站点上之后，最终愿意留下来互动的情况。留存所对应的指标叫作留存率，也可以再细分为次日留存、7日留存等。

●促活

即"促进用户活跃"，是让你的用户愿意更频繁、更开心地与你互动。包括但不限于构建用户模型，召回沉默用户，创建和完善用户激励体系等。

8.1.2.5 运营互动系统

聚合产生价值，交流扩大影响，各种圈子是广聚人气、延伸视野、推广文章、分享共同兴趣爱好、结识更多朋友的一个全新的平台。

建立互动系统，通过互联网平台建立网络运营互动圈子，能够实现交流分享，扩大影响，达到运营目的。常见方法如下：

（1）官方圈子

所谓官方多指政府方面，也指举办某场社会活动事件的组织者，或某种商业产品的推广经营者，即主办方，其具有权威性，并有着制定规则、下定义等权力。简而言之，就是对于某件事有着最大的解释权和定义权，这里所说的官方圈子是指具有权威性的互动平台，通过官方圈子交流实现新媒体运营的发展与壮大。

（2）网红资源

网红，即网络红人的简称，"网络红人"是指在现实或者网络生活中因为某个事件或者某个行为而被网民关注从而走红的人。他们的走红皆因为自身的某种特质在网络作用下被放大，与网民的审美、审丑、娱乐、刺激、偷窥、臆想以及看客等心理相契合，有意或无意间受到网络世界的追捧，成为"网络红人"。因此，"网络红人"的产生不是自发的，而是网络媒介环境下，网络红人、网络推手、传统媒体以及受众心理需求等利益共同体综合作用下的结果。借助网红的力量同样是推动新媒体运营的一剂猛药。

（3）运营总结

通过运营主体的现状、发展趋势以及对未来所做的分析、根据反馈实现优化，同时根据市场需求及业务需求分析总结，最终制定目标，做到步步为赢。

（4）商务拓展（BD）

Business Development，缩写"BD"，即商务拓展。"BD"可以理解为"广义的Marketing"，或者是"战略Marketing"。BD职业广泛存在于IT与电信增值行业中。"BD"的定义是根据公司战略，连接并推动上游及平行的合作伙伴结成利益相关体，向相关政府机构、媒体、社群等组织及个人寻求支持并争取资源。BD延伸了企业组织和利益的边界，因此可主动寻找能够建立关系的媒体、官方，或其他合作方式，实现合作伙伴利益共同化，比如前面提到的优就业和滴滴红包的合作。

（5）账号优化

有效的账户优化可以提高关键词的质量度，以更低的点击价格获得更优的排名，从而降低整体推广费用，提高投资回报率。账户优化的方法包括：优化账户结构、改进创意的撰写质量、选择合适的访问URL和显示URL、选择更具体、商业意图更明显的关键词、优化匹配方式、调整出价（即每次最高点击价格可以根据关键词的效果和预算情况来对推广单元或关键词的出价进行调整）、修改推广设置，包括推广地域、推广预算等，也可通过账号装修、官微简介、微信功能介绍、标签、账号名称、内容关键词等实现优化。

（6）运营策略

运营策略是运营管理中最重要的一部分，传统企业的运营管理并未从战略的高度考虑运营管理问题，但是在今天，企业的运营战略具有越来越重要的作用和意义，对于新媒体运营来说策略显得尤为重要。作为新媒体人应注重从内容策略、产品策略、用户策略、活动策略、技术策略等入手来支持和完成总体战略目标。

8.2 新媒体行业薪酬揭秘

新媒体这块热土从2014年以来吸引了来自四面八方的人才，无论是谁，都希望从这块方兴未艾的产业中淘一桶金。以下主要针对新媒体运营人员的薪资水平做一介绍，将从不同岗位级别薪资、不同行业薪资两方面进行介绍。

首先了解一下新媒体运营整体的薪资水平分布，从近1年50537份样本统计得到的数据结果可以看出，新媒体运营岗位平均薪资为6K+，范围分布从2K~20K不等，大部分集中在4.5K~8K（如图8-6）。

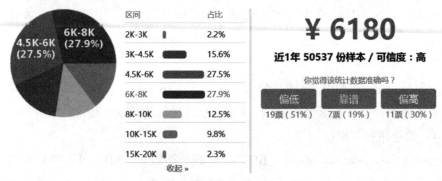

图 8-6 新媒体运营平均工资

据相关数据统计，新媒体运营工资按工作经验统计，其中应届毕业生工资水平大约为3720元，0～2年工资大约为5780元，3～5年工资大约为7290元，6～7年工资大约为11310元，8～10年工资大约为15960元（如图8-7）。

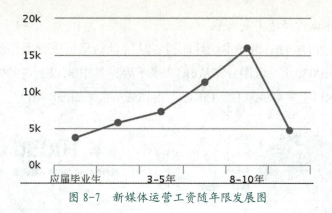

图 8-7　新媒体运营工资随年限发展图

8.2.1 不同岗位级别薪资

（1）新媒体运营专员工资水平

以下数据为近1年13396份样本统计而得，从统计结果可以看出，新媒体运营专员岗位平均薪资为5380元，范围分布从2K~15K不等，64%集中在4.5K~8K，其中近40%在4.5K~6K（如图8–8）。

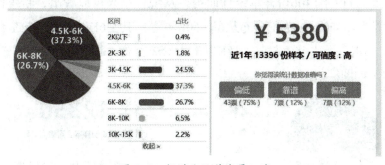

图 8-8　新媒体运营专员工资

（2）新媒体运营主管工资水平

以下数据为近1年4095份样本统计而得。从统计结果可以看出，新媒体运营主管岗位平均薪资为7830元，范围分布从4.5K~20K不等，其中6K以上占80%左右，8K以上占50%左右，10K以上占20%左右（如图8–9）。

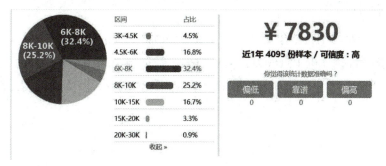

图 8-9　新媒体运营主管工资

（3）新媒体运营经理工资水平

以下数据为近1年4267份样本统计而得。从统计结果可以看出，新媒体运营经理岗位平均薪资为10030元，范围分布从6K~30K不等，其中6K以上占90%左右，8K以上占72%左右，10K以上占48%左右，15K以上占15%左右（如图8-10）。

图 8-10　新媒体运营经理工资

（4）新媒体运营总监工资水平

以下数据为近1年1406份样本统计而得。从统计结果可以看出，新媒体运营总监岗位平均薪资为12350元，范围分布从6K~50K不等，其中6K以上占95%左右，8K以上占82%左右，10K以上占68%左右，15K以上占35%左右，20K以上占20%左右，30K以上占4%左右（如图8-11）。

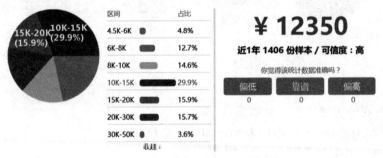

图 8-11　新媒体运营总监工资

8.2.2 不同行业薪资

以下数据涉及的调查对象为北京、上海、深圳3个城市7大垂直行业，共计发放了5000余份调查报告，分析了近60万份薪资数据，数据截至2016年6月24日。以下数据是从7个行业入手分析了公司在不同融资情况下的新媒体从业者薪资调查表，仅供参考：

（1）电子商务行业薪资情况（如图8-12）

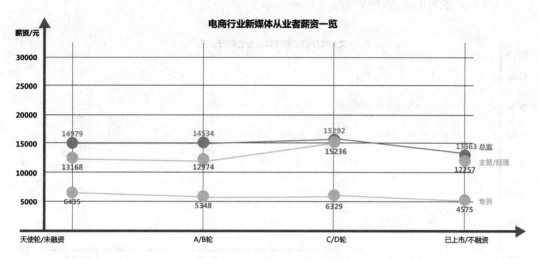

图 8-12　电子商务行业新媒体从业者工资

　　在不同的融资情况下，电商行业的平均薪资上下浮动维持在1K~2K，相差并不是太大，这跟国内电商行业的成熟发展离不开。在A、B轮包括天使轮，企业的经济实力相对有限，HR一般会考虑通过期权等其他形式来补偿求职者，而C、D轮的企业一是面临上市的压力，二是本身走到C、D轮，说明企业已经成为行业的佼佼者，资金相对较充裕，给出的薪资也会较高。

（2）金融行业薪资情况（如图8-13）

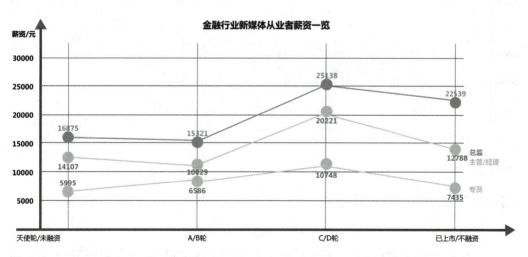

图 8-13　金融行业新媒体从业者工资

　　在金融行业，处在C、D轮企业薪资水平更是显著高于其他阶段，而且整体平均薪资也高于其他行业平均水平，这跟金融行业的资本过热分不开，是大家心目中名副其实的土豪行业。

（3）文化娱乐行业薪资情况（如图8-14）

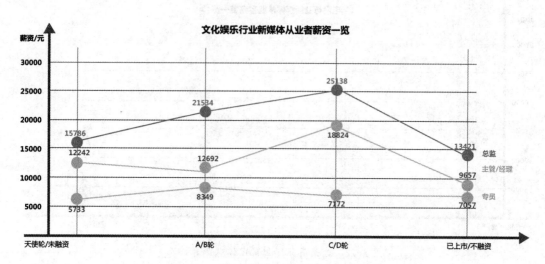

图 8-14　文化娱乐行业新媒体从业者工资

近两年直播、短视频行业发展迅速，大量资本涌入文娱行业，从上图也可以清楚地看出来文娱行业的新媒体人薪资水平同样不亚于金融行业，而C、D轮的企业也更倾向于给出高薪资，相反已上市的公司薪资水平反而较低。

（4）游戏行业薪资情况（如图8-15）

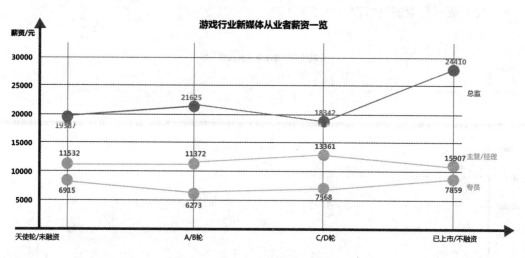

图 8-15　游戏行业新媒体从业者工资

随着VR技术的不断成熟，其在游戏上的应用也越来越多，国内做得比较成熟的有暴风科技、乐视等上市企业。暴风与乐视这两家企业在去年创造了A股市场的神话——连续29个涨停板。可以看出上市企业对游戏的重视，相应的新媒体薪资自然也会偏高一点。

（5）教育行业薪资情况（如图8-16）

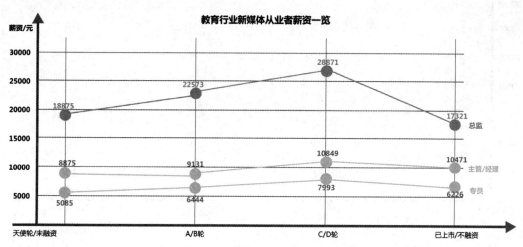

图8-16　教育行业新媒体从业者工资

在线教育行业是近两年互联网创业的风口，随着越来越多的企业转型做线上教育，还有关于企业技能的培训课程也发展得如火如荼，像技术培训、K12培训这些刚性需求，使得教育培训行业也涌入了大量资本，刚刚在纽交所上市的51Talk就是鲜明的例子。

（6）O2O行业薪资情况（如图8-17）

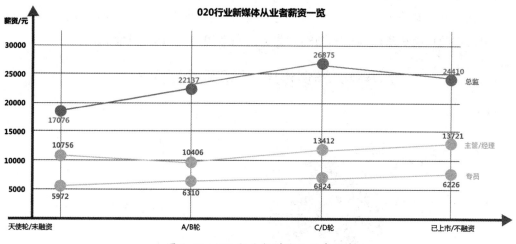

图8-17　O2O行业新媒体从业者工资

O2O行业目前做到C、D轮的有饿了么、美团、滴滴打车等"独角兽"企业，都有大量的资本支持。最近滴滴打车又完成了新一轮融资，融资金额达73亿美金，故出现高薪资现象不足为奇。

（7）企业服务行业薪资情况（如图8-18）

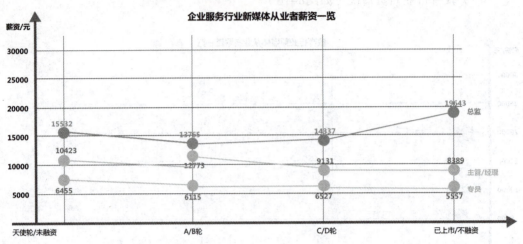

图 8-18　企业服务行业新媒体从业者工资

　　企业服务的薪资相对来说比较平稳，融资情况的不同对新媒体人的薪资变化影响并不是特别大。从数据对比可以明显看到，对于C、D轮的公司，给出的平均薪资会相对更高一些，对于一般融资到D轮的创业公司都基本成为行业翘楚，发展相对稳定，资金也相对充裕，给出的薪资也会更高。

　　另外在数据中显示，十个人中有三个人月薪在4K元以下，有三个在4K~6K之间。这意味着大部分从业者的薪资水平在社会中处于中等水平。很多人诧异主管和总监的工资较高，大多数的总监或者主管、经理一职都需要在行业内有较长时间的积累，有过成功的案例，以及较强的领导力。刚步入新媒体行业的人员需要时间积累，3~5年是一个正常的技能积累时间。如图8-19为各阶段新媒体人薪资比例图。

新媒体人薪资曝光，你在哪个区间？

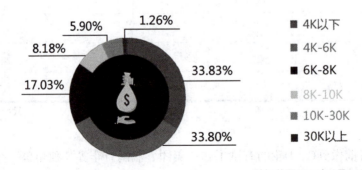

数据截至2016年6月24日

图 8-19　各阶段新媒体人薪资比例图

不管是新手，还是在新媒体上有一定建树的职场老人，自身拥有更多技能都会很好地帮助大家在新媒体行业中的职业发展。从专业技能的提升到专业知识的灵活应用，再到高阶软技能的锤炼，都需要提早准备，同时这也是新媒体人员升职加薪的基础。

　　图8-20所示的技能图能很好地帮助大家查找自身的不足，明确自己的技能提升方向，以便更好地提升自己职业素养，适应和满足不同岗位的任职需求。

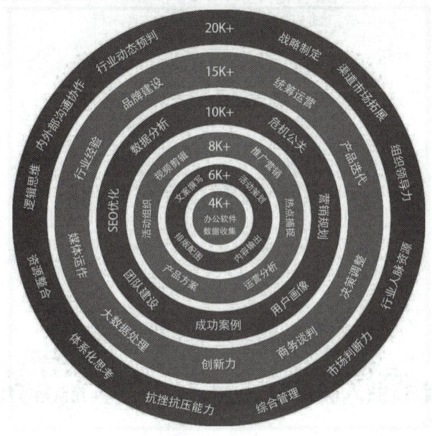

图 8-20　新媒体人技能图

8.3 从新手到新媒体运营总监的晋升之路

　　尽管人们很容易把显赫出身和良好人脉归结为今天许多位高权重的管理层们获得现有成就的原因，但是并非所有的企业高管都拥有先天的优势条件，实际上，有不少知名的首席执行官都是从底层起步的。

　　新媒体新手首先要做好运营，其成为领导所需要具备的素质也不是一天养成的。图8-21总结了想成为总监所需要具备的素质。

图 8-21　新媒体总监素质

8.3.1 自媒体段数自测

表8-1是一个自媒体段数自测表，可结合自身现在的实际情况，明确自己现在处于哪个阶段，以及明白自媒体运营各阶段的现状、技能，进而知道如何提高自己，不至于刚入行就被淘汰。

● 新手期（0~1年）

新手阶段最好在实践中学习，胜过看书、看文章、听分享。就像看过100部战争电影，也没办法去前线打仗。所以先别去管别人怎么做，自己亲自去实践操作了解。

● 中级期（2~3年）

首先要做好自己职责范围内的事，然后再多去关注这些事背后的逻辑。上级要求做这些事的原因是什么，是不是有更好的解决办法。这样努力提升自己的视角和大局观，也帮助自己很好地了解项目全局，是进步所需的必要条件。

● 转型期（3~5年）

适时调整对自身的定位，培养宏观把握问题的能力，审时度势，思考问题更具深度和广度。

表 8-1　自媒体段数自测表

阶段	现状	掌握的技能	遇到的问题
新手期	准备找工作或从业一年的新人	熟悉微信公众号如何建号、排版、发布	对于分工和前景没有认知，一切只停留在兴趣层面。上级不仅负责制定内容和规划，还要手把手指导执行落实
中级期	团队的中流砥柱、上级的培养对象、新人的榜样、还在一线做执行工作，不带团队、独立负责一个方向	在上级明确方向、协助制定目标和组建团队的基础上，独立规划自媒体运营内容并负责执行落实，为最终结果负责	还在做执行层面的工作、还未参与团队管理
转型期	带团队、较高的职位薪水、大公司中层或小公司高层领导、不在一线做执行工作	在上级明确方向的基础上，独立制定目标、运营策略和组建团队，并保证最终结果	转型期中存在诸多问题

8.3.2 规避问题，做聪明新手

（1）不要依靠干货成为大咖

做自媒体，不要过分倚重别人分享的干货。因为自媒体，说到底还是自己的媒体。虽然干货可以帮助新人少走弯路，快速掌握部分技巧，并且坚定走下去的信心。但是干货的作用更多的是扩散自己的思维，所以别太相信别人的成功，要有自己的人生规划。

看干货的正确方式是：

● 第一遍通读，然后分析是否对自己有启发。

● 第二遍精读，做笔记，保存其中让自己茅塞顿开的关键点。

● 第三遍读书笔记，自己写教程，如果是你遇到这个问题，你会怎么解决。

（2）注重基础

基础知识包括：对各大流量平台的了解、整合资源，利用自身优势的能力、基本的传播学、新闻学知识。尤其传播学、新闻学知识是最值得大家学习的内容，看它们远远比看干货有用。因为传播学是研究人类一切传播行为和传播过程发生、发展的规律以及传播与人和社会的关系的学问，是研究社会信息系统及其运行规律的科学。自媒体也是媒体，其也属于传播学的范畴。

8.3.3 策划、运营工作的规划和开展

很多刚入职的自媒体运营人都会认为运营和策划联系在一起但一定是有所不同的两部分，所以运营和策划应该是两批人。但事实上，策划和运营是密不可分的。

策划先于运营并互相交互，一个完整的策划运营过程是：需求调研—市场定位—营销策略—媒体组合—创意文案—信息发布—传播管理。成功的新媒体营销是幕后团队精心策划和运营的成果。

8.3.4 亘古不变的内容运营

自媒体发展迅速，无法预测自媒体下一步会发展成什么样，因此需要以不变应万变，在原创和内容选择等方面多一些技能点。

（1）内容为王

不管什么年代，媒体从业人员的成功都是在内容生产方面下功夫。

例如刷爆朋友圈的文章《如何无耻地应对新广告法》，作者是游宇锟，他的平台在发这篇文章之后阅读量为100万+，增长粉丝量10000+，刷新了地产业内一个公众号的相关数据记录。而在发表此文章之前，他的平台粉丝寥寥无几。这说明新人照样可以成为大咖，内容为王永远不过时。

（2）原创称霸

既然敢说内容为王，那就要必须谈原创。目前针对原创的保护越来越到位。有心做自媒体的人切记，转发只会为别人涨粉，原创才是王道。

（3）运营方法

运营就像潜水，选择海中的一个点，跳下去，深入向下时就会发现不同深度有不同的景观可看。去过不同的潜点，就知道这片海域的特性。去过不同的海洋，就看到大环境下截然不同的环境和特性。

随着用户的增多，日常的工作量相对开始减少，许多更大更复杂的问题开始并且反复出现。这就需要去寻找更为通用的解决办法，包括事前、事中和事后的。在实际的运营工作中一次又一次地解决不同广度和深度的问题，也就越来越清楚在不同的条件下，想要达到某个方向的运营目的，需要有什么样的资源和手段。针对典型和重点

问题，需要不断整理出工作流写成文档，放在公司文档平台上。当有新的类似的状况出现，根据以往经验积累和判断，制定相应的解决办法，执行的时候也会变得越来越有底气。这样在制定整个产品的运营方向时也会有很大的话语权，可以决定哪些是优先级更高的事情，哪些是现阶段并不着急的工作。

面对不同的问题，心里带着"一定有它的原因"的想法，去找到"为什么会这样""怎么解决""以后如何避免"的答案。所谓的方法和经验，也只是被这些实例训练出来的本能。个人生活和工作的区别就是，个人生活的经验一旦产生就是为自己所用的，并不用顾虑到别人的想法；而工作中的经验一定需要共享给所有人才能使所有人的利益最大化。放到运营工作中，就是要去不断抽象出运营相关的问题，让整个团队的人都更加理解运营是做什么。

挖掘过自己运营的方向之后，能做的事情便越来越多，再花更多时间在基础工作上是对自己和公司资源的双重浪费。随着时间和经验的积累，需要明确的是资源多了之后，运营岗位的工作质量只能更高，不能降低。

除了之前提到的问题的解决流程之外，还需要查漏补缺，查看哪些信息是公司资深员工和新人之间的鸿沟，哪些细节会导致工作成效的差异。工作除了运营之外会加入更多团队管理的成分，比如招聘、培训、一对一面谈。在新人上手之后，又面临如何规划成员的工作，如何让工作标准化，如何建立指标，如何放权和监督，如何激励团队成员，如何引导他们配合得更好，绩效评估怎么做等种种问题。

有时候需要站得高一些，看到团队整体的问题和长处；有时候也需要拿着放大镜，找到不同工作环节的瓶颈，让所有人工作起来感觉更顺畅更愉快。要将整个工作流程复用到团队中，同时需要保证效率，在这个过程中会遇到诸多问题，对于下属应该教他们如何去工作，这是对他们这段职业生涯负责任的态度以及作为一个管理者的产出。

运营工作到了这个层面时，更多的时候是要将自己抽象成管理者去看待自己的工作；新媒体运营总监，顾名思义一定是对新媒体非常熟悉，能够结合企业做出最佳运营推广方案的职业人，在纵观团队的工作和产出时，才会具体从运营的方向去看还有哪些可以提升的空间，以及如何与整个公司的大方向结合，让二者都得到提升。

总结为以下几点：

- 了解新媒体，正确地认识新媒体；
- 明白新媒体的工作内容是什么，知道自己缺什么，从而更好地去学习提升；
- 找一些优秀的新媒体人，向他们学习；
- 加入一些新媒体的圈子，抱团取暖，共同学习进步；
- 培养自己的网感，灵感，对热点的把控能力；

- 从头开始练习好写作能力和文案活动策划能力；
- 有一个好的平常心态；
- 长期的坚持，价值的输出，有分享精神，有帮助人的爱心。

本章小结

移动互联网普及后，新媒体逐步改变了社会大众的生活方式，在各方面产生了深远的影响。随之而来的是互联网企业和传统企业对新媒体方面人才的需求持续增长。在一、二线城市和大型企业中，新媒体发展迅速，相关方面人才却供不应求；在三线城市和中小型企业中，新媒体才刚起步，也已显露出巨大的发展需求和人才缺口，相信今后新媒体的发展还会有更加美好的前景。

目前，据不完全统计显示，新媒体平均薪资待遇属于中等。招聘企业大多也都选择面议薪资，可见新媒体人才薪资弹性很大，不完全受工作年限限制。新媒体运营相关岗位，虽然在专业上有一定限制，但兴趣以及对新媒体的敏感度依旧是人才选择上的重要因素。新媒体发展速度快，紧跟时代变化，因此新媒体职业道路上并不缺乏机会。从新手到新媒体运营总监的进阶过程中，不要在意短期薪资，应该做长期的职业规划，完善自身能力和技能，持续地积累同时保持良好心态，新媒体运营总监不是梦！